100 Jahre – 1908 bis 2008

Gartenstadt Nürnberg e.G.

100 Jahre
Leben in der Gartenstadt

Herausgeber:
Wohnungsbaugenossenschaft Gartenstadt Nürnberg e.G.
Julius-Loßmann-Straße 52
90469 Nürnberg
Tel. 0911/94 88 77-0
Fax 0911/94 88 77-50

Redaktion und Gestaltung:
Barbara Lohss, Fürth

Umschlaggestaltung:
Bert Birnfeld, **1601.com**munication, Erlangen

Druck: Druckhaus Mayer, Erlangen, 2008

ISBN 978-3-00-024837-5

Inhalt

Grußwort des Oberbürgermeisters
der Stadt Nürnberg zum 100-jährigen Jubiläum

Dr. Ulrich Maly

Die Gartenstadt ist etwas Besonderes und sie war es bereits bei ihrer Entstehung. Man spürt es, wenn man mit ihren Bewohnern spricht. Kaum anderswo sind sie so sehr untereinander und mit ihrem Stadtteil verbunden wie hier. Was ist der Grund für diese Besonderheit der Gartenstadt?

Das Motiv ist in ihrer Geschichte zu suchen, in den Idealen, denen sie seit ihrer Gründung dient. In einer Zeit, als in ganz Europa die Einwohnerzahlen der Städte explodierten und Millionen Menschen dringend eine menschenwürdige und bezahlbare Wohnung suchten, als reihenweise triste Miets-kasernenviertel entstanden und die Spekulation mit Bauland und Wohnraum blühte, setzte die Gartenstadtbewegung der grassierenden Wohnungsnot ein neues Ideal entgegen: Das Ideal des gesunden Wohnens im Grünen, geschaffen in genossenschaftlicher Selbsthilfe und daher der Spekulation entzogen und auch für die arbeitende Bevölkerung bezahlbar.

Hier war die Gartenstadt Nürnberg ganz vorne. Nur zehn Jahre nach der Entstehung der Gartenstadtidee und sechs Jahre nach der Gründung der Deutschen Gartenstadt-Gesellschaft gründete sich 1908 nach einem einschlägigen Vortrag die Gartenstadt Nürnberg e.G., um die neuen Ideen in die Tat umzusetzen.

Heuer feiert die Gartenstadt Nürnberg e.G. somit ihr 100-jähriges Jubiläum. Sie hat in dieser Zeit viel erreicht: Einen ganzen Stadtteil aus dem Nichts heraus erbaut und durch alle Schwierigkeiten und Katastrophen der Zeit hindurch bewahrt und fortentwickelt.

Die konkret anstehenden Probleme haben sich in diesen 100 Jahren gewandelt. Aktuell geblieben sind die Ideale der Selbsthilfe und so-lidarischen Zusammenarbeit, die der Gartenstadt Nürnberg e.G. und ihrer Tätigkeit zugrunde liegen. Gerade in unserer heutigen Zeit, die durch eine Welle verstärkten Gewinnstrebens in der Wohnungswirtschaft gekennzeichnet ist, sind sie aktueller denn je. Der Gartenstadt Nürnberg e.G. werden auch in Zukunft die Aufgaben nicht ausgehen.

Persönlich verbinde ich natürlich viel mit der Gartenstadt, weil hier auch die Wurzel meiner Familie liegt und ich in Kindheit und Jugend eine Menge Zeit im „Falkenhäuschen" verbracht habe. Die Gartenstadt ist als Großstadt-Stadtteil auf jeden Fall etwas Besonderes, ein Dorf mitten in der Stadt – im besten Sinne des Wortes Dorf!

Im Namen der Stadt Nürnberg gratuliere ich der Gartenstadt Nürnberg e.G. zu ihrem Jubiläum und wünsche ihr auch weiterhin viel Erfolg bei ihrer Tätigkeit.

Dr. Ulrich Maly
Oberbürgermeister
der Stadt Nürnberg

Grußwort des Verbandsdirektors
des Verbandes bayerischer Wohnungsunternehmen e.V.

„Eine gute, sichere und sozial verantwortbare Wohnungsversorgung" zu schaffen war eines der Ziele der Gartenstadt Nürnberg eG, so schreibt es die Satzung vor. Bei der Gründung der Genossenschaft vor 100 Jahren stand außerdem der Gedanke im Vordergrund, Grundstücke der Bodenspekulation zu entziehen, und dauerhaftes Eigentum für die Gemeinschaft zu schaffen.

Damals, zu Beginn des 20. Jahrhunderts, zogen – bedingt durch die Industrialisierung – die Menschen auf der Suche nach Arbeit massenweise in die Städte. Durch den Zuzug entstand Wohnungsnot und günstige, menschenwürdige und bewohnbare Unterkünfte für die Arbeiter waren eine Seltenheit. Genossenschaften wie die Gartenstadt Nürnberg leisteten Pionierarbeit. Mit Mut, Einfallsreichtum und Ausdauer baute man die ersten Wohnungen – auch gegen den Widerstand der herrschenden Parteien. Wohnungen und Häuser mit eigenen Gärten waren eine Besonderheit und steigerten den Lebensstandard der Mitglieder erheblich.

Zwar ist die Wohnraumversorgung im Jahr 2008 nicht so desolat wie Anfang des 20. Jahrhunderts oder nach dem 2. Weltkrieg. Doch auch heute bangen Menschen in Deutschland um ein bezahlbares Dach über dem Kopf, wie eine aktuelle Umfrage des VdW Bayern zeigt. Knapp drei Viertel der Deutschen befürchten, dass es in Großstädten zu wenig bezahlbaren Wohnraum geben wird. Diese Ängste sind nachvollziehbar in einer Zeit, in der Wohnungen zur Handelsware werden, zur Möglichkeit für Investoren, schnelles Geld zu verdienen.

Umso aktueller ist die Bedeutung von sozial orientierten Wohnungsunternehmen, wie der Gartenstadt Nürnberg e.G. In den vergangenen 100 Jahren haben sich zwar die Ansichten und Werte gewandelt, aber die Idee, durch gemeinsames Handeln in einer selbst bestimmten Genossenschaft die Wohnversorgung sicherzustellen, ist geblieben,

Genossenschaftliche Hilfe und Verantwortung eröffnete den Menschen neue Möglichkeiten in der Gemeinschaft. Das Engagement für den Nächsten, die Übernahme von Verantwortung in der Gesellschaft, kann ein Mehr an Lebensqualität für den Einzelnen bedeuten. Dass das genossenschaftliche Leben auch heute ein anderes, ein erfüllenderes ist, belegen die Zahlen. Bei Umfragen zur Wohnzufrie-

Xaver Kroner

denheit schneiden die Wohnungsgenossenschaften im Vergleich zu anderen Wohnformen weitaus besser ab. Diese Form des Wohnens gilt es daher zu bewahren und zu stärken.

Die fast 500 Wohnungsgenossenschaften und Wohnungsgesellschaften des VdW Bayern – Verband bayerischer Wohnungsunternehmen e.V. – gratulieren der Gartenstadt Nürnberg e.G. zum Jubiläum und zu dem in 100 Jahren Erreichten; sie wünschen Mut, Optimismus und Tatkraft.

Xaver Kroner
Verbandsdirektor
VdW Bayern

Vorwort des Vorstandes
der Gartenstadt Nürnberg e.G.

Klaus Peter Ott, Dietmar Reinert, Johannes Soellner (v.l.).

Wie hat sich die Genossenschaft Gartenstadt in den 100 Jahren ihres Bestehens entwickelt? Diese Frage bildete den Ausgangspunkt für das vorliegende Buch.

Viel ist geschehen seit Gründung der Genossenschaft im Jahr 1908: zwei Weltkriege mit ihren verheerenden Folgen, Wirtschaftskrisen und politische Extreme, unter denen die Mitglieder der Gartenstadt ganz besonders zu leiden hatten.

Aber auch erfreuliche Nachrichten gab es in all diesen Jahren: Die Genossenschaft bot vielen Mitgliedern ein Zuhause, gerade auch in schweren Zeiten war sie für viele Bewohner mehr als nur ein Wohnort – eine Heimat. Hat sich die Genossenschaft verändert? Haben sich die Mitglieder verändert? Beides trifft wohl zu. Waren zu früheren Zeiten die Mitglieder noch froh, eine Wohnung zu erhalten, ist das Anspruchsdenken heute erheblich gestiegen.

Den Ansprüchen steht jedoch oft nicht der entsprechende Leistungswille gegenüber. „Rechte – ja, bitte", „Pflichten – lieber nicht", so könnte man in wenigen Worten die Haltung vieler Wohnungssuchender zusammenfassen. Die Rechtsprechung der letzten Jahre zu Lasten der Vermieter hat dazu beigetragen, dass sich Banken, Versicherungen und andere Anbieter von Immobilien trennen und nicht mehr in diesen Bereich investieren.

Auch die Genossenschaft muss wirtschaftlich handeln. Seit Aufhebung der Gemeinnützigkeit ist sie ein voll steuerpflichtiges Unternehmen. Waren vor zehn bis 15 Jahren Wohnungen noch gesucht und Wartelisten selbst für Einzimmerwohnungen vorhanden, sind diese 30 qm bis 45 qm großen Einheiten heute kaum mehr zu vermieten. Großer Beliebtheit erfreuen sich dagegen nach wie vor Einfamilienhäuser mit Garten. Der enorme Instandhaltungs- und Modernisierungsaufwand lässt allerdings auch bei diesen Objekten die Nutzungsgebühren ansteigen.

Über 41 Millionen Euro hat die Genossenschaft in den letzten zehn Jahren für die Renovierung des Hausbesitzes ausgegeben, doppelt so viel wie in den achtziger Jahren. Um einen attraktiven Wohnungsbestand erhalten zu können, muss die Genossenschaft auch in den nächsten Jahren entsprechende Beträge investieren. Nur so können Leerstände vermieden und die wirtschaftliche Situation der Gartenstadt Nürnberg e.G. gefestigt bleiben.

Wir sind überzeugt, dass die Rechtsform der Genossenschaft, die 100 Jahre Bestand hatte, auch weiterhin bestehen wird, und nachfolgende Generationen in diesem Sinne agieren werden. Wir wünschen Ihnen viel Freude bei der Lektüre dieses Buches.

Der Vorstand

Vorstand und Aufsichtsrat im Jubiläumsjahr 2008 (v.l.n.r.): Klaus Peter Ott (Vorstand), Rolf Horrlein, Herbert Michel, Horst Reinert, Peter Munique, Karl Richter, Rainer Hunger (Aufsichtsrats-Vorsitzender), Dietmar Reinert (Vorstand), Stefan Schuster, Johannes Soellner (Vorstand), Hannelore Behringer, Alexander Hinzpeter (Prokurist), Ursula Müller.

Mitarbeiter

Die Mitarbeiter der Verwaltung (v.l.n.r.): Christa Herbst, Gisela Nitschke, Prokurist Alexander Hinzpeter, Annemarie Schuster, Klaus Schönbolz, Hans Puritscher, Bettina Ehlers, Lidwina Eckl, Michaela Steinhage, Heide Rubick, Prokurist Rudi Müller, Monika König, Gabriele Petters, Thea Geisler.

Die Mitarbeiter des Reparaturbetriebs (v.l.n.r.) mit farblich abgestimmter Arbeitskleidung (Maler in weiß, Installateure/Maurer in blau, Gärtner in grün): Jasmin Köpplinger, Friedrich Dorner, Jürgen Götz, Matthias Heckel, Manfred Walter, Philipp Röseler, Winfried Wolf, Mile Dimitrov, Gerhard Schienhammer, Gerhard Ondra, Wolfgang Kautz.

Mehr als ein städtebauliches Konzept

Die Gartenstadt als Lebens- und Gesellschaftsform

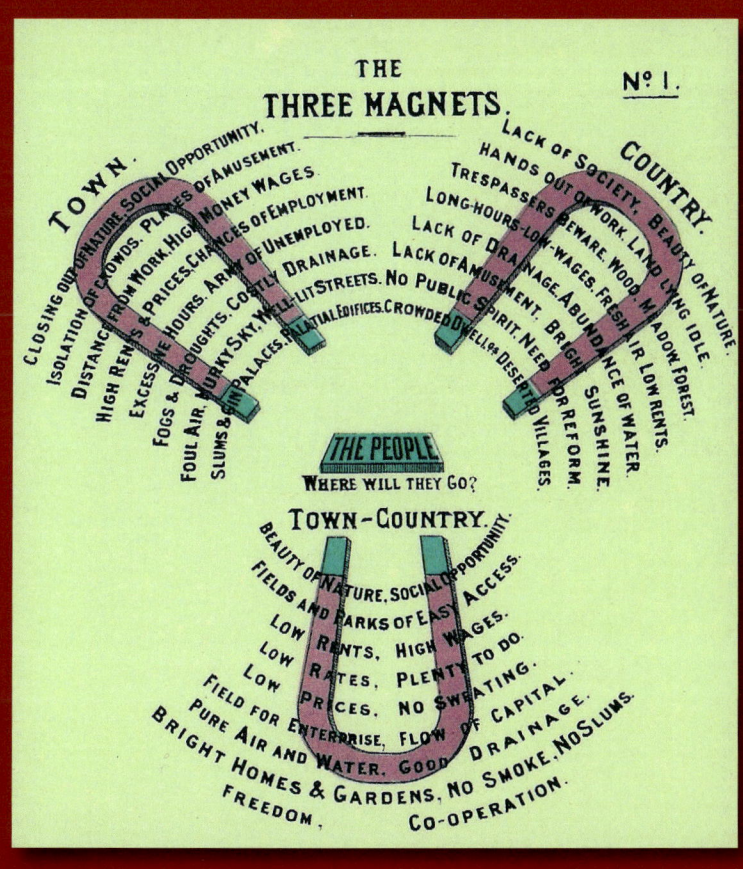

Es war kein Bestseller im klassischen Sinne. Dennoch hat das Buch des Engländers Ebenezer Howard das Leben vieler Menschen verändert. „To-Morrow: A Peaceful Path to Real Reform" lautete der Titel des 1898 veröffentlichten Werkes, mit dem Howard der Gartenstadtbewegung Substanz und Namen verlieh.

„Hinaus ins Grüne" war zur Zeit der industriellen Revolution der verständliche Wunsch vieler Großstädter, den sich allerdings nur die Wohlhabenden erfüllen konnten. Das „Grüne" verhieß Naturnähe, Ruhe Entspannung, Gesundheit, Frieden und Harmonie. Was Howard vorschwebte, war nicht eine bloße Ansammlung von Häusern mit Garten, sondern eine durchgrünte Stadt auf dem Lande, eine Gartenstadt als autarkes Gemeinwesen.

Sozialreformerische Ideen

Die Gartenstadt liegt nach Howards Konzeption mitten im Grünen und soll sowohl ländliche Wohnsiedlungen wie auch Fabriken und alle kulturellen Annehmlichkeiten beherbergen. Seine Vorschläge waren nicht nur städtebaulicher Natur, sondern auch stark von sozialreformerischen Ideen geprägt:

Grund und Boden der Gartenstädte sollte sich zur Vermeidung von Spekulation in gemeinschaftlichem Besitz befinden, Kapitalerträge sollten in die Gemeinschaftseinrichtungen fließen, die Mieten gering gehalten werden. Räumlich schwebte ihm ein System mehrerer Gartenstädte vor mit einer Zentral-

stadt von rund 58.000 Einwohnern und einem Ring kleinerer Gartenstädte mit je rund 32.000 Einwohnern. Das Wachstum der Städte sollten Grünstreifen verhindern.

Die Anlage der Gartenstädte selbst ist seinem Modell zufolge geprägt von ringartigen Wohngebieten um einen "Central Park" als Mittelpunkt. Hier befinden

sich kulturelle Einrichtungen und der "Crystal Palace" als eine Art Ladenpassage. Radiale Boulevards stellen die Verknüpfung der Mitte und der Wohngebiete mit der umgebenden Landschaft her, eine ringförmige, grüne „Grand Avenue" unterbricht die Wohnringe. Außen befinden sich ein Gewerbegürtel und die Eisenbahnlinie, die die Gartenstädte miteinander verbindet.

Als Sohn eines mittelständischen Kaufmanns 1850 in London geboren, war Ebenezer Howard bereits mit 15 Jahren kaufmännischer Angestellter. Mit 21 ging er nach Amerika, um in Nebraska Farmer zu werden. Doch kurz darauf wechselte er nach Chicago, wurde Stenograf und Gerichtsreporter. 1876 zog es ihn nach fünf Jahren USA

Ebenezer Howard

nach Hause zurück. In London etablierte er sich als Gerichts- und Parlamentsberichterstatter. 1898 stellte er das Modell seiner Gartenstadt der Öffentlichkeit vor. Seine Ideen fielen auf fruchtbaren Boden, denn bereits 1903 wurde die erste britische Gartenstadt Howard'scher Prägung gegründet, Letchworth, rund 50 km von London entfernt. Diese beeinflusste nach dem Ersten Weltkrieg die Trabantenstädte Englands stark. Howard selbst war aber von Letchworth wenig überzeugt, die Siedlung war ihm zu „grün" und mangelte seiner Meinung nach an städtischem Leben; die Siedlungsdichte blieb unter dem von ihm vorgeschlagenen Maß und der große, grüne Zentralplatz war keine echte städtische Mitte. Einen neuen Anlauf unternahm er mit der Gartenstadt Welwyn im Norden Londons. Welwyn entsprach eher seinen Vorstellungen. Hier lebte er selbst bis zu seinem Tod im Jahr 1928.

Die Entwicklung und Bedeutung des Gartenstadtgedankens steht in engem Zusammenhang mit dem Industrialisierungs- und Urbanisierungsprozess, der im 19. Jahrhundert stattfand. Die Wohnungsnot der Arbeiter und kleinen Angestellten prägte gegen Ende des 19. Jahrhunderts das Bild vieler Städte.

„Garden City Association"

Besorgte Mediziner warnten vor den schädlichen Folgen der unhygienischen Zustände in den Städten. Da der Wohnungsbau zu dieser Zeit weit gehend der privaten Wohnungswirtschaft überlassen war, kamen praktische Ansätze zur Verbesserung der Wohnverhältnisse vor allem aus zwei Richtungen: vom betrieblichen Wohnungsbau der Arbeitgeber und den gemeinnützigen Baugenossenschaften.

Am 10. Juni 1899 wurde die „Garden City Association" gegründet, die in kurzer Zeit einen raschen Aufschwung nahm. Leute aus allen Bevölkerungskreisen traten der neu gegründeten Gesellschaft bei. Sie formulierte ihre Aufgabe folgendermaßen: „Das Ziel der Gartenstadt ist die Förderung der Abwanderung aus den

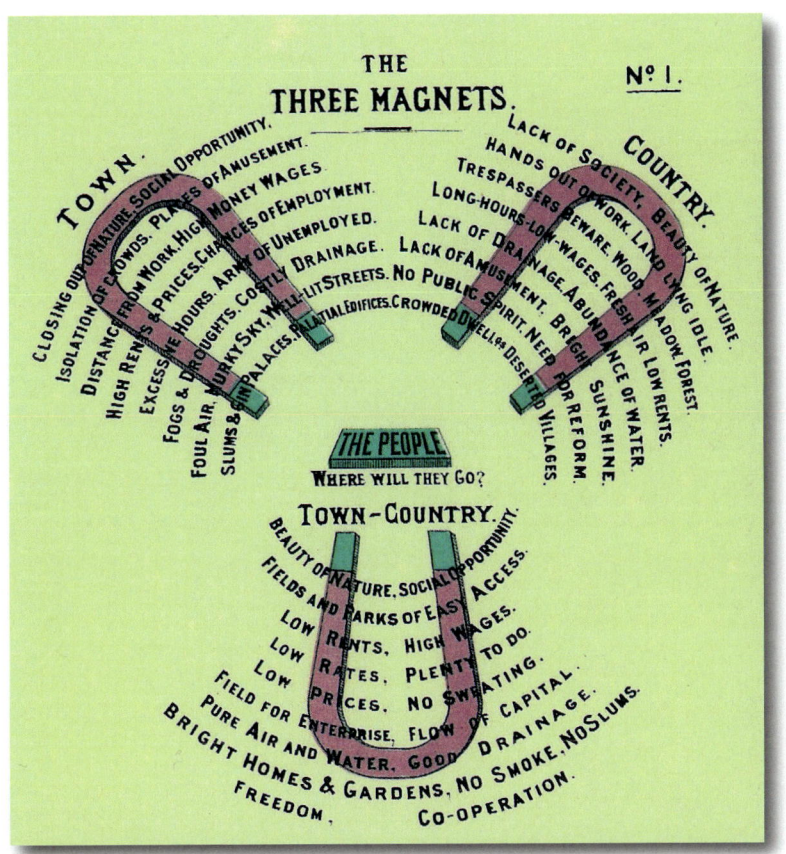

In einem Diagramm mit dem Titel „The Three Magnets" vergleicht Ebenezer Howard die Stadt und das Land mit zwei Magneten, die ein Stück Eisen, den Wohnung und Beschäftigung suchenden Menschen, anziehen. Diesen beiden Magneten stellt er einen stärkeren, die Landstadt oder Gartenstadt, gegenüber, die die Vorzüge von Stadt und Land vereinigen soll, ohne ihre Nachteile zu besitzen.

übervölkerten Ortschaften und eine weiträumigere Verteilung der Bevölkerung über das Land: Erstens durch Befürwortung und Unterstützung der Gründung von Gartenstädten. (...) Zweitens will sie die Tendenz der Industriellen unterstützen, ihre Fabriken aus den über-völkerten Städten hinaus aufs freie Land zu verlegen."

Praktische Umsetzung

1903 begann man mit der praktischen Umsetzung der Ideen: Nach Entwürfen von Barry Parker und Raymond Unwin wurde die Gartenstadt Letchworth errichtet.

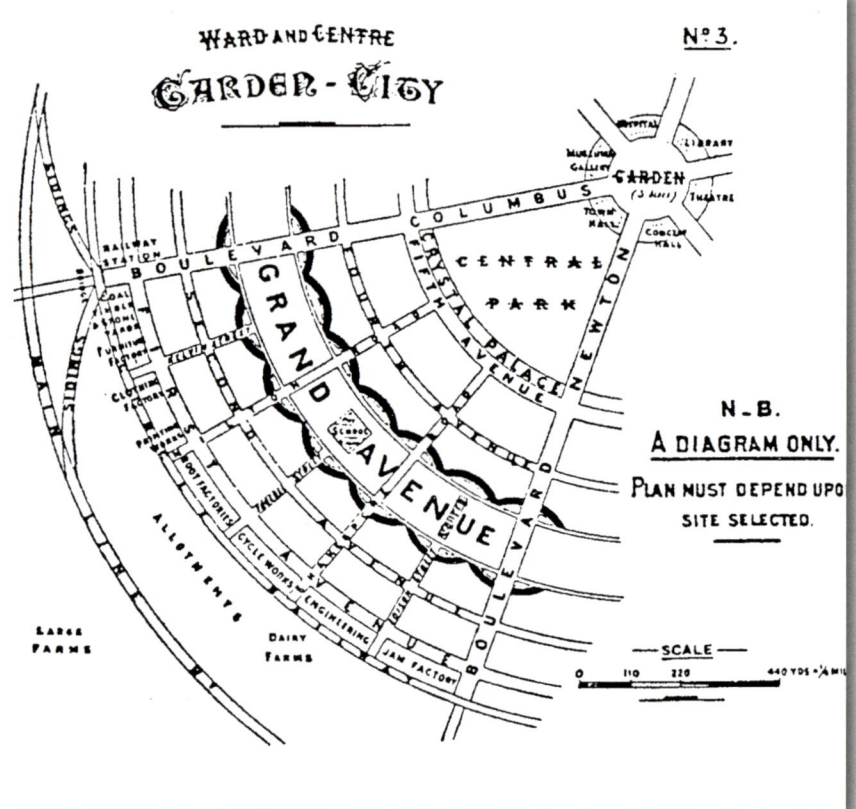

Ringartig um einen „Central Park" angeordnete Wohngebiete zeichnen laut Ebenezer Howards Vorstellung die Gartenstädte aus.

Sie beeinflusste die gesamte englische Stadtplanung nachhaltig, was zunächst 1909 zum „Town Planning Act" führte und sich später maßgeblich auf den „New Towns Act" von 1946 auswirkte.

Garten-Vorstädte

Neben der Bewegung, selbständige Städte zu gründen, gab es auch eine zweite Richtung der Gartenstadtbewegung, deren Ziel es war, im Anschluss an bestehende Städte Vorstädte (Suburbs) ausschließlich für Wohnzwecke im Gartenstadtcharakter zu schaffen.

Der hervorragendste Vertreter dieser Richtung war die Hampstead Garden Suburb, die 1907 durch eine gemeinnützige Gesellschaft (den Hampstead Garden Suburb Trust) ins Leben gerufen wurde.

Hampstead Garden Suburb lag direkt an der Peripherie von London in der Nachbarschaft des Parks Hampstead Heath und an der Endstation der Underground Railway, mit der die Bewohner schnell und billig alle wichtigen Teile Londons erreichen konnten.

Teile der Howard'schen Ideen fielen auch in Deutschland auf einen wohl vorbereiteten Boden und waren von anderen schon ähnlich formuliert worden. So erschien z.B. in Leipzig bereits 1896 von dem antisemitisch eingestellten Theodor Fritsch das Buch „Die Stadt der Zukunft", das allerdings wenig Beachtung fand.

Orientierung an Howard

Die 1902 gegründete deutsche Gartenstadtgesellschaft betont ihre Orientierung an der Idee Howards und der englischen Bewegung. Die Brüder Heinrich und Julius Hart, Bernhard und Hans Kampffmeyer gehörten zu den Männern, von denen die deutsche Gartenstadtgesellschaft geprägt wurde.

Sie gründeten zusammen mit anderen in Berlin die sozialreformerisch engagierte Großstadtdichter-Kommune „Neue Gemeinschaft",

Aus der Satzung der Deutschen Gartenstadtgesellschaft 1907:

„Die Deutsche Gartenstadtgesellschaft ist eine Propagandagesellschaft. Sie erblickt ihr Hauptziel in der Gewinnung des Volkes für die Begründung von Gartenstädten. Eine Gartenstadt ist eine planmäßig gestaltete Siedlung auf wohlfeilem Gelände, das dauernd im Obereigentum der Gemeinschaft erhalten wird, derart, dass jede Spekulation mit Grund und Boden dauernd unmöglich ist. Sie ist ein neuer Stadttypus, der eine durchgreifende Wohnungsreform ermöglicht, für Industrie und Handwerk vorteilhafte Produktionsbedingungen gewährleistet und einen großen Teil seines Gebietes dauernd dem Garten- und Ackerbau sichert.

Das Endziel einer fortschreitenden Gartenstadtbewegung ist eine Innenkolonisation, die durch planmäßiges Begründen von Gartenstädten eine Dezentralisation der Industrie und damit eine gleichmäßigere Verteilung des Gewerbelebens über das Land anstrebt. Solche Siedlungen werden das städtische Leben gesünder und vielseitiger gestalten und der sich angliedernden Landwirtschaft die Kulturwerte und das technische Rüstzeug der Stadt, sowie die Vorteile des direkten Absatzes vermitteln.

Die Gesellschaft ist bemüht, derartige Siedlungen durch besondere Gründungsgesellschaften ins Leben zu rufen, öffentliche Körperschaften für die Verwirklichung ihrer Ziele zu gewinnen, sowie alle Bestrebungen mit verwandten Zielen zu fördern. Dazu gehört vor allem die Begründung von Wohnsiedlungen, Gartenvorstädten, Industriekolonien und die Erweiterung bestehender Städte im Sinne der Gartenstadt.“

aus der die Gartenstadtgesellschaft hervorging. Die erste propagandistische Flugschrift verfasste der Dichter Heinrich Hartl.

Satzungsänderung

Doch erst nachdem die Deutsche Gartenstadtgesellschaft ihre anfangs wohl zu utopischen Anschauungen zumindest teilweise abgelegt und ihr Programm den deutschen Verhältnissen angepasst hatte, wurde sie auch von den führenden Vertretern der deutschen Wohnungs- und Städtereformer unterstützt.

Da in Deutschland im Gegensatz zu England eine Fülle von mittleren und kleinen Städten bereits existierte, hielt man hier die Gründung von neuen Städten für nicht so vordringlich.

So kam es 1907 zu einer Satzungsänderung, mit der die Tätigkeit der Gesellschaft auf die Gründung von Wohnsiedlungen, Gartenvorstädten, Industriekolonien und die Erweiterung bestehender Städte im Sinne der Gartenstadt ausgedehnt wurde.

Erste Erfolge

Die Verlagerung des Schwerpunktes auf Gartenvorstädte brachte der Gartenstadtbewegung die ersten praktischen Erfolge. Hans Kampffmeyer leitete 1905 die ersten Schritte ein, die 1907 zur Gründung der ersten deutschen Gartenstadtgenossenschaft in Karlsruhe führten. Auch die Gründung der Nürnberger Gartenstadt unterstützte er tatkräftig.

Gemeinsame Einrichtungen aller Art prägen den architektonischen Ausdruck des Genossenschaftsgedankens

Von der deutschen Gartenstadtgesellschaft wurde 1910 der Sammelband „Aus englischen Gartenstädten" herausgegeben. Darin beschreibt Hans Kampffmeyer die Gartenstadtbewegung aus architektonischer Sicht:

„Auch in künstlerischer Hinsicht verspricht die Gartenstadtbewegung die Bautätigkeit von Konsumvereinen und Baugenossenschaften stark zu befruchten. In den ersten Siedlungen sind einige der besten Architekten herangezogen worden und die große Anzahl von Architekten, die sich unter den Mitgliedern der deutschen Gartenstadtgesellschaft und auch unserer ersten sozialen Studienreise befinden, beweist hinlänglich die Bedeutung, die man in diesen Kreisen unserer Bewegung beimisst. In der Tat stellt ja die Gartenstadtbewegung dem Baukünstler ganz wunderherrliche, neue Aufgaben.

Wie in den neugegründeten Städten der Barockzeit (z.B. in Versailles und in Karlsruhe) die zentrale, alles überragende Stellung des Fürsten ihre monumentale Gestaltung gefunden hat, so wird in der Gartenstadt der Genossenschaftsgedanke seinen vollkommensten architektonischen Ausdruck erhalten.

Denn wie die Mitglieder der Genossenschaft sich in ihr zu einem neuen Ganzen zusammenfinden, so werden auch die Häuser, die sie bewohnen, sich einem großzügigen Bauplan unterordnen müssen. Nicht jedes Haus wird Anspruch auf eine Sonderexistenz erheben dürfen, sondern es wird sich mit anderen seinesgleichen zu wirkungsvollen Gruppen, zu einheitlich durchgebildeten Strassen und wir-

kungsvollen Plätzen zusammenschließen. Den schönsten Ausdruck wird der Genossenschaftsgedanke in der Schaffung von gemeinnützigen Einrichtungen aller Art erhalten, in der Anlage von Spielplätzen, von Luft- und Wasserbädern. Vor allem aber in dem Bau eines Volks- oder Gesellschaftshauses, in dem die nötigen Säle vorhanden sind für Versammlungen aller Art, für Vorträge, Konzerte, Theateraufführungen und dergleichen, Räume für eine Bibliothek und eine Lesehalle."

Eine Art „Arbeiter-Aristokratie"

Die Gründung der Gartenstadt Nürnberg

Es ging nicht nur um den Wohnraum – auch wenn dessen Mangel aufgrund des raschen Bevölkerungsanstiegs in den letzten Jahrzehnten des 19. Jahrhunderts in Nürnberg ein großes Problem darstellte. Es waren ökosoziale und kulturelle Ziele, welche die Gründer der Gartenstädte verfolgten. Dabei war viel Ausdauer erforderlich, denn sie hatten einige Hürden zu überwinden.

Bevölkerungsstatistik der Stadt Nürnberg.

Während 1806 noch rund 25.000 Menschen in Nürnberg lebten, waren es bis 1880 fast 100.000. Danach stieg die Bevölkerung überproportional schnell, so dass Nürnberg 1898 bereits rund 189.000 Bewohner zählte. In den folgenden Jahren bis zur Jahrhundertwende kamen noch einmal über 70.000 Einwohner hinzu. Nürnberg war damit die neuntgrößte deutsche Großstadt.

Zwar hatte sich das Stadtgebiet durch Eingemeindungen im Jahr 1906 gegenüber 1806 um das 35-fache auf 5.444 Hektar vergrößert. Doch wurde damit nicht automatisch mehr Wohnraum für Bürgerinnen und Bürger gewonnen, da es sich bei den eingemeindeten Gebieten vielfach um dörflich strukturierte Gemeinden oder Waldgelände handelte.

Nürnberg hatte sich zur größten Industriestadt in Bayern entwickelt. 1907 waren 99.102 Personen in Industrie und Gewerbe der Stadt beschäftigt. Vor allem in den südlichen Stadtteilen Nürnbergs, in denen sich große Industriebetriebe angesiedelt hatten, war der Wohnraum für die Arbeiterfamilien knapp. Viele Arbeiter mussten ihre Möbel in Speichern oder Kellern unterstellen, Frau und Kinder zu Verwandten auf das Land schicken und sich selbst mit einer Schlafstelle begnügen.

Selbsthilfe der Arbeiter

Da die liberale wirtschaftspolitische Konzeption dieser Zeit keine Eingriffe von staatlicher oder kommunaler Seite in den Wohnungsmarkt vorsah, blieb der gemeinnützige Wohnungsbau der Fürsorge der Arbeitgeber und der genossenschaftlichen Selbsthilfe überlassen. Doch erst zwei im Jahr 1889 erlassene Gesetze brachten den Genossenschaften den Durchbruch. Mit dem Gesetz über die Erwerbs- und Wirtschaftsgenossenschaften wurde die beschränkte Haftung eingeführt. Und das Invaliditäts- und Altersversicherungsgesetz bestimmte, dass ein Teil der eingehenden Leistungen der arbeitenden Bevölkerung für Invaliden- und Altersrente in Darlehen oder Hypotheken im Wohnungsbau anzulegen waren.

1896 hat sich mit dem „Bauverein Schuckert'scher Arbeiter" (die heutige Wohnungsgenossenschaft Sigmund Schuckert e.G.) die erste Baugenossenschaft in Nürnberg gegründet. Es folgten weitere, die jedoch überwiegend Mehrfamilienhäuser erstellten.

Die Gartenstadtbewegung verfolgte den Zweck, nicht nur hygienisch einwandfreie und gesunde, inmitten von Gärten gelegene Wohnungen zu schaffen, sondern darüber hinaus die Bewohner gegen wirtschaftliche Krisen widerstandsfähiger zu machen und ihr geistiges Niveau zu heben.

Diese Ideen fielen auch in Nürnberg auf fruchtbaren Boden. Einer der Initiatoren war Paul Schlegel, Redakteur bei der Fränkischen Tagespost, einer sozialdemokratischen Tageszeitung für Mittelfranken und die Oberpfalz. Er berichtete über die Gartenstadt Hellerau bei Dresden. Am 28. Juli 1908 erschien folgender Artikel in der Fränkischen Tagespost:

„Eine Gartenstadt bei Nürnberg

Wie uns mitgeteilt wird, soll auch in Nürnbergs näch-

I. Name, Sitz und Gegenstand des Unternehmens.

§ 1.

Die Baugenossenschaft führt die Firma „Gartenstadt Nürnberg, Eingetragene Genossenschaft mit beschränkter Haftpflicht". Der Sitz ist Nürnberg, die Dauer unbeschränkt.

§ 2.

Gegenstand des Unternehmens ist Erwerb und Verwaltung von Grundstücken in Nürnberg und Umgebung, sowie der Bau und die Verwaltung von Wohnhäusern und deren Vermietung. Die Häuser sollen inmitten von Gärten liegen und es soll jeder Wohnungsinhaber am Gartengenuß beteiligt sein.

Unter Zugrundelegung eines technisch und künstlerisch befriedigenden Bebauungsplanes sollen den Bewohnern gesunde und schöne Wohnungen, eventuell Arbeitsstätten und Gelegenheit zum Gartenbau gegeben werden. Ferner sollen gemeinnützige Einrichtungen aller Art geschaffen werden, die der Bildung von Geist und Körper dienen.

Die Genossenschaft soll der Verbilligung, Verbesserung und Geschmacksbildung im Wohnungswesen dienen.

Als ein Mittel zur Durchführung dieser Zwecke dient die Annahme von Spareinlagen und deren Verwendung im Betriebe der Genossenschaft.

II. Geschäftsanteil und Haftsumme.

§ 3.

Die Geschäftsanteile sind auf Mk. 200.— festgesetzt. Jedes Mitglied muß mindestens einen Anteil erwerben. Die höchste Zahl der Geschäftsanteile, die ein Mitglied erwerben kann, ist Hundert. Die Anteile sind entweder durch einmalige Zahlung, oder in fortlaufenden Raten zu entrichten, deren Gesamtsumme jährlich mindestens Mk. 26.— betragen muß. Die auf die Geschäftsanteile geleisteten Zahlungen, zuzüglich des zugeschriebenen Gewinnes und abzüglich eines etwa abgeschriebenen Verlustes bilden das Geschäftsguthaben eines Mitgliedes.

Das Geschäftsguthaben bis zur Erreichung des vollen Geschäftsanteiles darf, solange das Mitglied nicht ausgeschieden ist, von der Genossenschaft nicht zurückbezahlt und von dem Mitglied nicht verpfändet werden.

§ 4.

Die Haftpflicht der Mitglieder für die Verbindlichkeiten der Genossenschaft ist im Voraus auf die Summe von Mk. 200.— für jeden erworbenen Geschäftsanteil beschränkt.

Die Genossenschaftsmitglieder sollten laut Satzung in den Genuss gesunder und schöner Wohnungen kommen und Gelegenheit zum Gartenbau haben.

ster Umgebung eine Gartenstadt, vorläufig in kleinerem Stil, ins Leben treten. Die zu gründende Baugenossenschaft soll sich mit der

Errichtung von Einfamilienhäusern befassen und zwar ganz nach dem Muster der Kolonie von Hellerau, also billige, schöne und gesunde

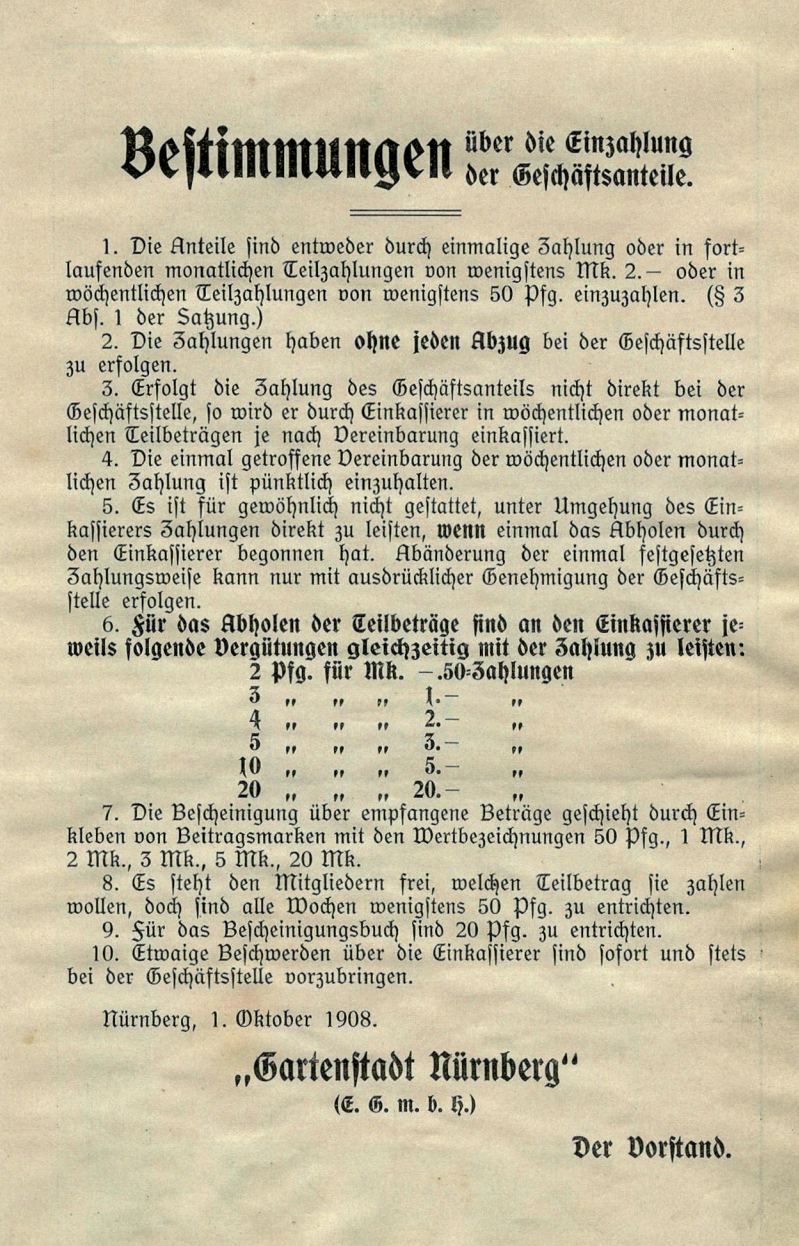

Bestimmungen über die Einzahlung der Geschäftsanteile.

1. Die Anteile sind entweder durch einmalige Zahlung oder in fortlaufenden monatlichen Teilzahlungen von wenigstens Mk. 2.— oder in wöchentlichen Teilzahlungen von wenigstens 50 Pfg. einzuzahlen. (§ 3 Abs. 1 der Satzung.)

2. Die Zahlungen haben **ohne jeden Abzug** bei der Geschäftsstelle zu erfolgen.

3. Erfolgt die Zahlung des Geschäftsanteils nicht direkt bei der Geschäftsstelle, so wird er durch Einkassierer in wöchentlichen oder monatlichen Teilbeträgen je nach Vereinbarung einkassiert.

4. Die einmal getroffene Vereinbarung der wöchentlichen oder monatlichen Zahlung ist pünktlich einzuhalten.

5. Es ist für gewöhnlich nicht gestattet, unter Umgehung des Einkassierers Zahlungen direkt zu leisten, **wenn** einmal das Abholen durch den Einkassierer begonnen hat. Abänderung der einmal festgesetzten Zahlungsweise kann nur mit ausdrücklicher Genehmigung der Geschäftsstelle erfolgen.

6. **Für das Abholen der Teilbeträge sind an den Einkassierer jeweils folgende Vergütungen gleichzeitig mit der Zahlung zu leisten:**

2 Pfg. für Mk. —.50-Zahlungen
3 " " " 1.— "
4 " " " 2.— "
5 " " " 3.— "
10 " " " 5.— "
20 " " " 20.— "

7. Die Bescheinigung über empfangene Beträge geschieht durch Einkleben von Beitragsmarken mit den Wertbezeichnungen 50 Pfg., 1 Mk., 2 Mk., 3 Mk., 5 Mk., 20 Mk.

8. Es steht den Mitgliedern frei, welchen Teilbetrag sie zahlen wollen, doch sind alle Wochen wenigstens 50 Pfg. zu entrichten.

9. Für das Bescheinigungsbuch sind 20 Pfg. zu entrichten.

10. Etwaige Beschwerden über die Einkassierer sind sofort und stets bei der Geschäftsstelle vorzubringen.

Nürnberg, 1. Oktober 1908.

„Gartenstadt Nürnberg"
(E. G. m. b. H.)

Der Vorstand.

In den Bestimmungen über die Einzahlung der Geschäftsanteile wurde die Vorgehensweise genau festgelegt.

Wohnungen, kleine für Arbeiter und größere für sonstige Interessenten. Die ausersehenen Grundstücke sind Waldbestände, 3 bis 6 Minuten von einer Bahnstation entfernt und haben den weiteren Vorzug, nicht nur hübsch gelegen, sondern auch billig zu sein. Wir werden gebeten, darauf hinzuweisen, dass am Mittwoch, 29. Juli, abends punkt 8 Uhr im Restaurant „Schwarzer Adler" in Behringersdorf eine Besprechung stattfindet, zu der alle Interessenten eingeladen sind."

Nachdem weit über 100 Anwesende ihr Interesse bekundet hatten, berief Schlegel für den 1. September 1908 eine weitere Versammlung im Nürnberger Bürgersaal ein, auf der Hans Kampffmeyer über die Gartenstadtbewegung und Ernst Cahn, Sekretär am Sozialen Museum in Frankfurt, rund 900 Interessierte über das Baugenossenschaftswesen informierten.

Eintrag ins Register

Eingetragen ins Genossenschaftsregister wurde die Genossenschaft am Dienstag, den 22. September 1908. Nichtsdestotrotz traten die am 1. September gewählten

Vertreter bereits am 9. September zur ersten gemeinsamen Sitzung von Vorstand und Aufsichtsrat zusammen. Die Organe konstituierten sich folgendermaßen: Wilhelm Eckstein, Kaufmann, Dr. Otto Fritz, Chemiker und Paul Schlegel, Redakteur, bildeten den Vorstand.

Aufsichtsratsmitglieder

Der Aufsichtsrat setzte sich zusammen aus dem Rechtsanwalt Dr. Wilhelm Uhlfelder als Vorsitzendem, dem Schlosser Christoph Herold als stellvertretendem Vorsitzenden, dem Metallarbeiter Stefan Schmidt als Schriftführer, dem Dreher Heinrich Zwosta als stellvertretendem Schriftführer und dem Arzt Dr. Emil Jakobi sowie dem Kaufmann und Landtagsabgeordneten Karl Hübsch als Beisitzer.

Förderer

Bedeutende Förderer waren die bayerischen Staatsminister von Pfaff, von Brettreich, von Frauendorfer sowie das Vorstandsmitglied der Deutschen Gartenstadtgesellschaft, Prof. Max von Gruber, ebenso der Leiter des Landesvereins zur Förderung des Wohnungswesens, Hofrat Dr. Paul Busching.

Die erste Satzung der Gartenstadt Nürnberg e. G. m.b.H. stammt aus dem Jahr 1908.

Über jede Einzahlung wurde Buch geführt. Verschiedene Farben zeigen auf einen Blick die Höhe des eingezahlten Betrags.

Auf der ersten Sitzung wurde beschlossen, zu Anfang des nächsten Jahres die erste Generalversammlung einzuberufen. Aus dem Protokoll der ersten Sitzung:

„Des weiteren soll von Zeit zu Zeit die Öffentlichkeit bearbeitet werden, zu diesem Zwecke wurde ein Propaganda-Ausschuß gebildet, bestehend aus den Vorstandsmitgliedern. Nachdem voraussichtlich die Geschäftsarbeiten sich dermaßen häufen werden, dass deren Erledigung im Ehren-

amt den Interessen der Genossenschaft nicht dienlich ist, wurde beschlossen, dass bis auf weiteres Herr Eckstein die Büroarbeiten gegen Entlohnung ausführen soll, die Höhe der Entlohnung bestimmt die Generalversammlung."

Um eine geregelte Einkassierung der Beiträge zu ermöglichen, wurde beschlossen, Marken und Quittungsbücher einzuführen, die Vorstandschaft wurde mit der Auswahl der Einkassierer betraut und hatte gleichzeitig

die Höhe der Bezahlung nach den ortsüblichen Sätzen zu regeln. Der Vorstand konnte laut der Beschlüsse über eine Handkasse von bis zu 100 Mark verfügen.

Weiterhin beschlossen Vorstand und Aufsichtsrat, einmal monatlich die Kasse zu kontrollieren, ein Scheckkonto bei der Königlichen Hauptbank zu eröffnen und Gelder nur nach gemeinsamem Beschluss anzulegen.

Suche nach Baugelände

Dass zu diesem Zeitpunkt bereits einige Vorarbeiten geleistet wurden, geht daraus hervor, dass schon zur zweiten gemeinsamen Sitzung des Vorstandes und Aufsichtsrates am 26. September Prof. Richard Riemerschmid erschien, der als Architekt Deutschlands erste Gartenstadt in Dresden-Hellerau konzipiert hatte. Im Verlauf des Nachmittags besichtigte er mit den Genossenschaftern zwei in Aussicht genommene Grundstücke: Das Gelände am Eichelberg bei Erlenstegen und das Gelände zwischen Dutzendteich, Zerzabelshof und Valznerweiher.

Während sich Prof. Riemerschmid mit der Lage und der Bodenbeschaffenheit am Eichelberg sehr zufrieden zeigte, hielt er das Gelände am Dutzendteich für nicht geeignet. In den nächsten Wochen wurden noch Grundstücke in Eibach, am Rangierbahnhof, rechts und links des Kanals über der Ringbahn und in Herrnhütte-Schafhof in Augenschein genommen.

Südfriedhof war in Planunng

Da es sich bei dem Gebiet am Eichelberg um Quellgebiet handelte, lehnte der Stadtmagistrat eine Bebauung ab. Das Gelände östlich des Kanals erschien nicht zuletzt wegen der Nähe zu den Arbeitsplätzen und der zu erwartenden Straßenbahnverbindung dank des geplanten Südfriedhofes am besten geeignet. Es wurde im Westen vom Kanal, im Norden von den Bahngleisen des Rangierbahnhofes, im Osten vom Gelände des damals erst projektierten Südfriedhofes und im Süden vom Wald begrenzt. So wurde der Vorstand beauftragt, mit der Kgl. Regierung von Mittelfranken in Verhandlungen zu treten.

Geländekauf zog sich hin

Obwohl die Gespräche mit den Ministerien auf einen schnellen Vertragsabschluss hindeuteten, konkretisierte sich der Kauf erst zum Jahresende, als am Tag der außer-

Einer der ersten Entwürfe des Architekten Lotz.

ordentlichen Generalversammlung, am 11. Dezember 1909, ein Telegramm des Finanzministeriums eintraf, welches den Kauf des Geländes „im Prinzip" genehmigte.

Bis zur notariellen Verbriefung verging allerdings noch einmal ein ganzes Jahr. Erst am 10. Dezember 1910 wurde der Kauf notariell abgeschlossen. Um eine weitere zeitliche Verzögerung zu vermeiden, entschloss sich die Verwaltung der Genossenschaft, die Kanalisation und Straßenherstellung zunächst auf eigene Kosten ausführen zu lassen, und das Geld später von der Stadt Nürnberg zurück zu fordern.

Die Einverleibung des bis dahin außerstädtischen Ge-

ländes in die Stadtgemeinde erforderte ebenfalls geraume Zeit. Nach fast zwei Jahren zäher Verhandlungen ging nun endlich das für den ersten Bauabschnitt benötigte 4,04 Hektar große Gelände in den Besitz der Gartenstadt über. Der Preis belief sich auf 13.000 Mark pro Hektar, wobei das kgl. Ministerium des Inneren einen Zuschuss von 5.000 Mark pro Hektar gewährte.

Insgesamt wurde der Genossenschaft ein 61 Hektar großes Gelände für einen Zeitraum von zehn Jahren ohne Kaufverpflichtung reserviert.

Finanzierungskonzept

Neben den Verhandlungen mit den Behörden mussten die Gründer gleichzeitig ein

Finanzierungskonzept für das Projekt erarbeiten. Jedes Mitglied hatte einen Geschäftsanteil in Höhe von 200 Mark zu erwerben. Die Zahlung konnte einmalig erfolgen oder in monatlichen Raten von mindestens zwei Mark.

Da das Geschäftsguthaben abhängig war von der Zahl der Genossen, widmete man sich zunächst einer verstärkten Propagandatätigkeit.

Gehörten Ende 1908 erst 255 Genossen der Gartenstadt an, zählte sie Ende 1909 bereits 1.576 Mitglieder mit einem Guthaben von 129.265 Mark und Ende 1910 bereits 1.709 Genossen mit einem Guthaben von 184.610,50 Mark. Dieser Betrag reichte für die anstehenden Kosten in Höhe von rund 660.000 Mark für den ersten Bauabschnitt natürlich nicht aus. Deshalb wurde an die Mitglieder der Appell gerichtet, „ihren genossenschaftlichen und satzungsgemäßen Verpflichtungen" nachzukommen und ihre Zahlungsanstrengungen zu erhöhen.

Darlehen der Stadt

Die Versicherungsanstalt für Mittelfranken sicherte ein Darlehen in Höhe von maximal zwei Dritteln der reinen Baukosten (480.000 Mark) zu einem Zinssatz von 3,5 Prozent zu. Ein Ersuchen an den Stadtmagistrat, der Gartenstadt mit 100 Geschäftsanteilen beizutreten, wurde abgelehnt.

Dafür wurde ein Darlehen über 20.000 Mark gewährt. Die Vermittlung eines Darlehens aus den Mitteln der Kulturrentenanstalt lehnte der Stadtmagistrat jedoch wiederum ab.

Resolution verabschiedet

Auf einer öffentlichen Volksversammlung mit rund 2.000 Teilnehmern verabschiedete die Gartenstadt eine Resolution, die den ablehnenden Beschluss als „eine unberechtigte Beschützung eigennütziger Interessen der Grund-

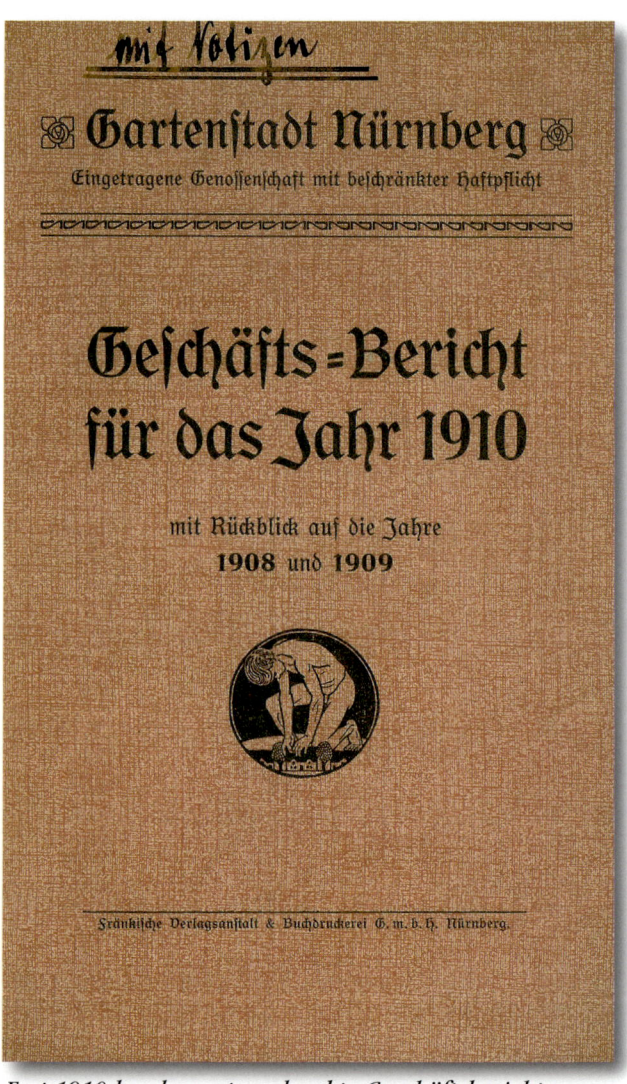

Erst 1910 lag der erste gedruckte Geschäftsbericht vor – mit Rückblick auf die beiden vorherigen Jahre.

und Hausbesitzer und eine empörende Missachtung des dringendsten Interesses der Gesamtbevölkerung an der Verbesserung und Verbilligung des Wohnungswesens in Nürnberg" darstellte.

Gespaltenes Verhältnis

Das Verhältnis der Gartenstadt Genossenschaft zum Magistrat der Stadt Nürnberg in der Zeit vor dem ersten Weltkrieg war eher gespalten, zum einen, da die Interessen der Haus- und Grundbesitzer denen der Genossenschaft entgegenstanden, zum anderen aus politischen Gründen, da sich die in der Minderheit befindliche SPD immer wieder für die Gartenstadt einsetzte.

Propagandistischer Erfolg

Ein propagandistischer Erfolg war die am 4. April 1909 eröffnete Wanderausstellung der Deutschen Gartenstadtgesellschaft im Bayerischen Gewerbemuseum. Das rege Interesse der Bevölkerung zeigte sich im „massenhaften" Besuch der Ausstellung und der drei Vorträge von Hans Kampffmeyer, Architekt Lotz aus Bremen und dem Reichstagsabgeordneten Dr. Südekum. Die Ausstellung wurde auch von einer englischen Studienkommission besucht. Ein namhafter Zuwachs von Mitgliedern konnte als weiterer Erfolg verbucht werden.

Dem am 16. Mai 1909 gegründeten Bayerischen Landesverein zur Förderung

Resolution I. Die heute, den 22. Mai 1911, im Saale des „Herkules-Velodrom" tagende, von etwa 2000 Personen aus allen Bevölkerungskreisen besuchte Versammlung erhebt entschieden Einspruch gegen den Beschluß des Stadtmagistrats Nürnberg vom 2. Mai 1911, durch welchen das Gesuch der Gartenstadt Nürnberg um Vermittlung eines Hypothekdarlehens aus der Landeskulturrentenanstalt abgelehnt wurde. Sie erblickt in diesem Beschluß eine unberechtigte Beschützung eigennütziger Interessen der Grund- und Hausbesitzer und eine empörende Mißachtung des dringendsten Interesses der Gesamtbevölkerung an der Verbesserung und Verbilligung des Wohnungswesens in Nürnberg. Von den Kollegien der Stadt Nürnberg wird erwartet, daß sie nicht die Interessen einzelner Gruppen, sondern das Gesamtinteresse der Bevölkerung der Stadt wahren. Es wird ferner von ihnen erwartet, daß sie die vornehme Pflicht der städtischen Gemeinden zur Wohnungsfürsorge erkennen, und daß sie in dieser Erkenntnis ein gemeinnütziges Unternehmen, das — wie die Gartenstadt — unter Beteiligung aller Bevölkerungskreise unserer Stadt eine gründliche Verbesserung unseres Wohnungswesens in großzügiger Weise versucht, mit allen Mitteln unterstützen. Die Versammlung fordert deshalb die städtischen Kollegien auf, bei Wiederholung des Gesuches der Gartenstadt Nürnberg um Vermittlung eines Darlehens aus der Landeskulturrentenanstalt diesem Gesuch in weitgehendstem Maße stattzugeben und den mit Unrecht sich entgegenstellenden eigennützigen Interessen der Grund- und Hausbesitzer entschieden entgegenzutreten.

Resolution II. Die Versammlung erwartet, daß Vorstand und Aufsichtsrat der Gartenstadt E. G. m. b. H. von der in Art. 21 des Landeskulturrentenanstaltsgesetzes gegebenen Möglichkeit Gebrauch macht, daß die Stadtgemeinde Nürnberg zur darlehensweisen Hingabe der erforderlichen Mittel zur Herstellung von Kleinwohnungen nach Maßgabe des Art. 15 Abs. 2 Ziffer 2 von der vorgesetzten Verwaltungsbehörde angehalten werde.

Der zweiten Resolution entsprechend ließen wir am 3. Juni unser wiederholt eingereichtes, aber vom Magistrat Nürnberg zum zweiten Male abgelehntes Gesuch an die Kgl. Regierung von Mittelfranken als Beschwerde gehen. Bis zum Schluß des Geschäftsjahres 1911 war eine Entscheidung auf diese Beschwerde von der Kgl. Regierung von Mittelfranken noch nicht eingetroffen.

Mit diesen Resolutionen wehrten sich die Genossenschaftsmitglieder gegen die starke Lobby der Grund- und Hausbesitzer.

des Wohnungswesens trat die Genossenschaft ebenso bei wie dem Verband bayerischer Baugenossenschaften, Gesellschaften und Vereine in München, dessen Hauptaufgabe die Revision der angeschlossenen Vereine ist.

Erinnerungen an die Anfangszeit der Gartenstadt
von Gustav Joseph, Vorsitzender des Aufsichtsrats:

„Vor vierzig Jahren war ein Spaziergang nach Maiach oder nach Weiherhaus ein Ausflug. Er führte von der heutigen Frankenstraße am Birkenwäldchen und dem bewaldeten Hasenbuck vorbei auf eine Anhöhe zum Rangierbahnhof, dessen Anlagen nicht viel älter sind als die Gartenstadt selbst. Wenn der Ausflügler die Brücke, die über den Rangierbahnhof führt, betreten hatte, bot sich ihm der Anblick eines ausgedehnten Waldes dar, dessen dunkle Linien den Horizont begrenzten. Nichts ließ ihn vermuten, dass hier im Wege der gegenseitigen Hilfe ein Wohnparadies der arbeitenden Bevölkerung entstehen würde. Zehn Jahre vorher reichte der Wald noch bis an die heutige Frankenstraße; damals qualmten noch keine Fabrikschlote und ratterten noch keine Züge über das Rangierbahnhofgelände. Bei dem gesteigerten Tempo, das die industrielle Entwicklung zu Ende des vorigen Jahrhunderts in Nürnberg nahm, war die Errichtung eines Rangierbahnhofs und die Verlegung der großen Fabrikanlagen MAN und Siemens-Schuckert nach dem Süden eine zwingende Notwendigkeit geworden. Damit waren aber auch die Vorraussetzungen geschaffen für die Errichtung einer Gartenstadt im Süden von Nürnberg.

Ich kam im Frühjahr 1910 das erste Mal mit dem Gartenstadt-Projekt in Berührung. Mit meinem Vater durfte ich an einem Maiausflug nach Maiach teilnehmen. Unser Weg führte über das heutige Gartenstadtgelände. Dort, wo heute der Konsumladen steht, verkündete eine Tafel: „Gartenstadt Nürnberg eGmbH“. An dieser Tafel angelangt, frug ich meinen Vater, was eGmbH bedeuten solle. Er übersetzte die Abkürzung und fuhr erklärend fort, dass es sich um etwas ähnliches handeln würde, wie den Konsumverein, in welchem wir täglich einkauften, und dass hier der Versuch gemacht würde, durch die Zusammenfassung der Sparkraft vieler Menschen kleine, allen gemeinsam gehörende Häuschen zu bauen. Meine Knabenphantasie war mit anderen Gedanken beschäftigt als dem Vorstellungsvermögen über die gegenseitige Hilfe. Dem Konsumverein waren auch wir Kinder in jenen Jahren schon treu ergeben, weil die Eltern mit einer uns heute kaum vorstellbaren Konsequenz ausschließlich in unserem Konsumladen einkauften und weil das ganze Jahr über Pläne gemacht wurden, was mit der Rückvergütung zu Weihnachten angeschafft würde. So war der Konsum für uns Kinder auch mit der Vorstellung des gütigen Weihnachtsmannes verbunden. Trotzdem besagte mir der Vergleich der eGmbH auf dieser inmitten eines Waldgeländes aufgestellten Tafel mit dem Konsumverein nichts. Mein Nachdenken über das Erklärte wurde zudem abgelenkt durch die Bemerkung ebenfalls vorbeigehender Maiausflügler, die die Buchstaben eGmbH sarkastisch mit den Worten „Gehst mit bist hin“ übersetzten.“

Aus: 40 Jahre Gartenstadt, 1948

Lebensqualität für die Arbeiterschicht

Der Gemeinschaftsgedanke stand im Mittelpunkt

In die Gartenstadt zu ziehen, war in den Anfangsjahren eine Frage der Gesinnung. Die meisten Bewohner der Gartenstadt waren Sozialdemokraten, viele sogar in der radikaleren USPD, wie zum Beispiel der Vater von Käthe Strobel.

Das erste Haus am Finkenbrunn.

„Es war eine Gesinnungsfrage, in die Gartenstadt zu ziehen," erinnert sich Käthe Strobel, ehemalige Bundesgesundheitsministerin und ein echtes „Gartenstadtgewächs". Die meisten Bewohner der Gartenstadt waren Sozialdemokraten, viele sogar in der radikaleren USPD, wie zum Beispiel der Vater von Käthe Strobel. Als viertes Kind einer neunköpfigen Arbeiterfamilie kam sie mit vier Jahren in die Gartenstadt.

„Wir Kinder wuchsen sehr politisch auf," erinnert sie sich. Nicht umsonst entstanden in der Gartenstadt die erste Falkengruppe Deutschlands und der erste Spielmannszug der Kinderfreunde.

Gelände wurde vermessen

Doch bis die ersten Häuser bezogen werden konnten, hatten die Gründer der Gartenstadt noch viel Arbeit vor sich, die sie trotz teilweise widriger Umstände schnell vorantrieben. Obwohl die Verhandlungen über den Kauf des Geländes der Waldabteilungen Hirschensuhl und Finkenbrunn noch nicht abgeschlossen waren, ließ der Vorstand der Gartenstadt bereits im Frühjahr 1909 das Gelände vom kgl. Vermessungsamt der Stadt Nürnberg vermessen und nivellieren. Auf Grundlage dieser Vermessung fertigte Architekt Prof. Richard Riemerschmid einen Bebauungsplan an, der sowohl vom Stadtmagistrat Nürnberg als auch von der kgl. Regierung von Mittelfranken in Ansbach genehmigt wurde.

Viele Fragen zu klären

Um über die hygienischen Verhältnisse Klarheit zu erlangen, gab der Vorstand weitere Gutachten in Auftrag. Prof. Dr. v. Gruber (München), Hofrat Dr. Stich (Nürnberg) und Vorstandsmitglied Dr. Fritz stimmten darin überein, dass der vorerst noch vorhandene hohe Grundwasserstand durch die Kanalisation gesenkt würde.

Viele Entwürfe und Skizzen wurden vorgelegt, abgeändert oder ganz verworfen, bis nach reiflicher Beratung und Überlegung das voraussichtlich Vorteilhafteste gefunden wurde. Wohnfläche, Größe der einzelnen Wohnräume, Zimmerhöhe, Treppensteigung, Küche oder Wohnküche, Herd und fränkischer Kochofen, Abort bzw. Kläranlage, Gartengröße und noch viele andere Fragen mussten erörtert und entschieden werden.

Einen schweren Kampf hatte die Genossenschaft wegen der niedrigen Zimmerhöhe von 2,50 Metern und ganz besonders wegen der Treppen-Steigungsverhältnisse auszufechten. Gutachten der kgl. Amtshauptmannschaft in Dresden, der Bauberatungsstelle in München, der Gartenstadt Hellerau und von Prof. Theodor Fischer in München konnten den Nürnberger Polizeisenat nicht umstimmen, so dass ein Regierungsentscheid herbeigeführt werden musste. Durch diesen wurde endlich die Genehmigung für Treppen mit einer Steigung von 20 cm Auftritt zu 20 cm Stoßtritt erreicht.

Gründung der Sparkasse

Ungeduld und Drängen der Mitglieder auf der einen Seite, Missgunst der Grund- und Hausbesitzer auf der anderen Seite, erleichterten dem Vorstand und Aufsichtsrat der Genossenschaft die Arbeit nicht gerade. Um eine solide finanzielle Basis zu schaffen, wurde am 20. Januar 1911 die Sparkasse gegründet.

Am 24. April 1911 konnte mit dem Bau der Kanalisation begonnen werden und am 6. Juni 1911 mit dem Bau

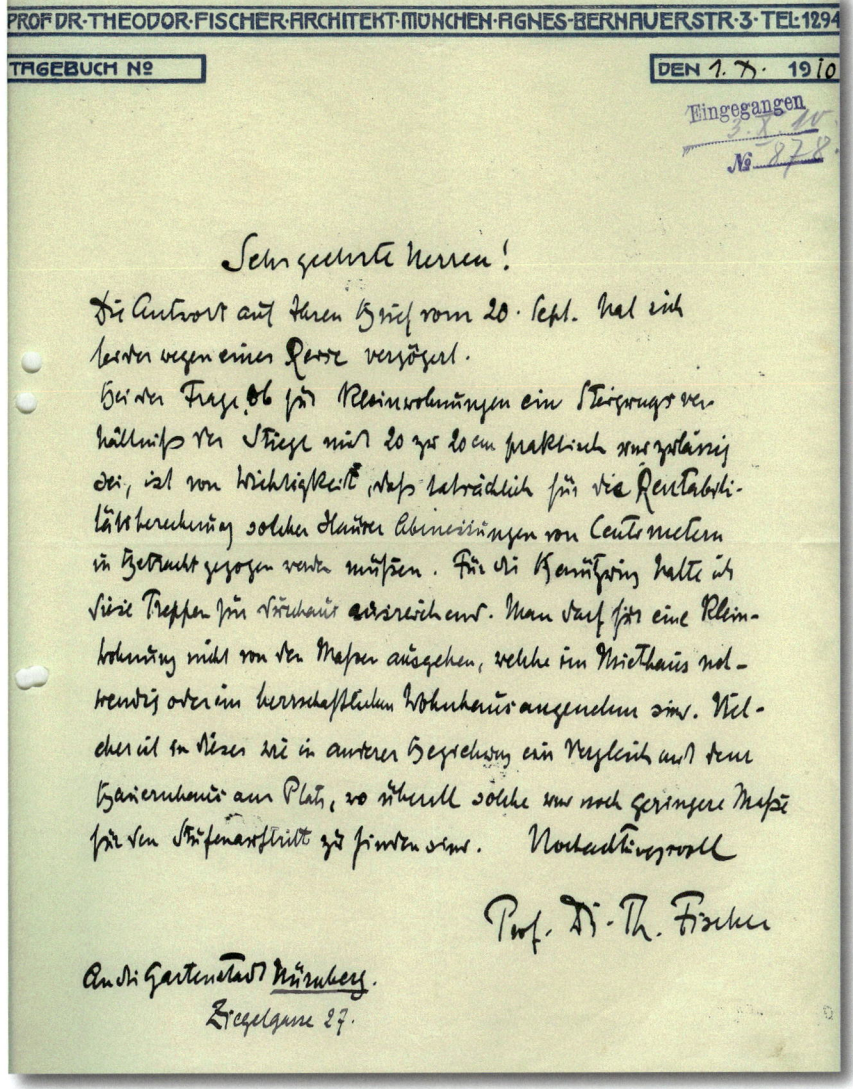

Mit diesem Schreiben versuchte Prof. Theodor Fischer aus München, die Nürnberger Behörden von der Zulässigkeit des geplanten Steigungsverhältnisses der Treppen zu überzeugen.

der Häuser. Die dafür veranschlagten Kosten betrugen 480.000 Mark, dazu kamen Kosten für die Kanalisation in Höhe von 80.000 Mark, für die Straßenherstellung in Höhe von 40.000 Mark und für den Bau einer Kläranlage in Höhe von 30.000 Mark.

Baubeginn für das Verwaltungsgebäude, das Prof. Riemerschmid entworfen hatte, war am 6. Juni 1911.

Am 23. September 1911 konnte die Verwaltung die Geschäftsstelle beziehen.

Verlosung der Wohnungen

Vierzehn Tage nach Beginn der Bauarbeiten wurden die Wohnungen verlost. 77 Wohnungen standen rund 500 Bewerber gegenüber. Der Bezug dieser Wohnungen nebst Verwaltungsgebäude erfolgte am 1. Oktober 1911.

Mit dem Bau eines Zentralwaschhauses mit 12 Einzelwaschküchen, einer Trockenschleuder und Kastenmangel wurde im Oktober 1911 begonnen. Noch vor Weihnachten wurde es in Betrieb genommen.

Die Wohnfläche pro Haus lag bei durchschnittlich 59 qm. Diese gliederten sich in der Regel auf in zwei Schlafkammern im Obergeschoß sowie die Gute Stube und die Wohnküche im Parterre.

Die meisten Häuschen traten traufständig zu längeren Reihen zusammen. Manche waren im Aufriß vom englischen cottage-house bzw. von heimatlicher Fachwerkbauweise geprägt. Andere zeigten sich mit Stuckelementen dem Jugendstil verbunden. Bemerkenswert oft klang auch Barock-Architektur nach in Gestalt von Torbögen, Mansardendächern, paarig gestellten Zwerchgiebeln und anderen Symmetriewirkungen.

Im Straßengrundriss wich Riemerschmid völlig ab von der symmetrischen Geometrie. Geschwungene Linienführung, Einschnürungen, platzartige Erweiterungen mit Baumgruppen und Grasflächen sowie größere Vor- und Rücksprünge in den Gebäudefluchten schafften ein betont abwechslungsreiches Netz. Eine architektonische Trennung der sozialen Schichten, wie beispielsweise in der Gartenstadt Hellerau bei Dresden, gab es in Nürnberg nie.

Tausende Neugierige

Das Interesse der Bevölkerung war groß, wie dem Geschäftsbericht für 1911 zu entnehmen ist: „Sonntags kamen die Besucher zu Tausenden und Abertausenden. Und trotz der nicht sachlichen und oft sogar verletzenden Kritik der Hausbesitzerzeitung, die sich in der

1911 standen nur die geraden Hausnummern: Buchenschlag 46 (vorne) bis 2.

Finkenbrunn 26-30.

Die erste Häuserzeile am Finkenbrunn.

Herabsetzung und im Lächerlichmachen unseres Unternehmens nicht genug leisten konnte, sprach die weitaus große Mehrzahl der Besucher sich sehr anerkennend über unsere Wohnungen und Gärtchen aus." Auch über zahlreichen Besuch aus dem Ausland wurde berichtet.

Trotz der internationalen Anerkennung stellte die weitere Finanzierung ein Problem dar. Ein Gesuch an die Stadtgemeinde Nürnberg um die Vermittlung eines Darlehens aus den Mitteln der Landeskulturrentenanstalt wurde abgelehnt. Daraufhin gab es eine Versammlung im Herkules-Velodrom mit einer harschen Resolution. Diese

hatte zur Folge, dass nach nahezu dreijährigem Kampf am 7. November 1912 eine zweite Hypothek aus Mitteln der Landeskulturrentenanstalt in Höhe von 72.000 Mark auf die Häuser der ersten Bauperiode gebilligt wurde. Ein zweites Darlehen in Höhe von 22.200 Mark auf die Häuser der zweiten Bauperiode wurde am 19. Februar 1913 genehmigt.

Zahlreiche Bewerber

Am 1. Oktober 1912 wurden weitere 24 Häuser am Buchenschlag 3-49 bezogen. Nachdem der Nürnberger Architekt Hans Lehr einen von der Genossenschaft ausgeschriebenen Architekturwettbewerb gewonnen hatte,

leitete er ab 1912 die Bauarbeiten. Am 1. Oktober 1913 wurden 28 von ihm entworfene Häuser fertig gestellt. Für die 28 Wohnungen gab es 192 Bewerber. Sechs Häuser mit zwei Läden, die noch aus Riemerschmids Entwurf stammten, wurden bis zum 1. April 1914 fertig gestellt.

„Aber die unsicheren politischen Verhältnisse mit ihrer durch sie bedingten Geldknappheit und die große geschäftliche Krisis mit ihrer bis jetzt noch nie dagewesenen großen Arbeitslosigkeit, sowie die allgemeine große Teuerung, ließen die zum Bau nötigen Kapitalien nicht in der Weise fließen, wie wir es voraussetzten." Soweit der Geschäftsbericht für 1913. Trotzdem konnte die Genossenschaft eine 2,405 Hektar große Waldfläche kaufen.

Um auch dem gesellschaftlichen Leben Rechnung zu tragen, wurde darauf ein Gasthaus von der Genossenschaftsbrauerei Nürnberg, Fürth und Umgebung aus eigenen Mitteln errichtet. Zum Ankauf der Waldfläche stellte die Genossenschaftsbrauerei ein Darlehen von 26.000 Mark zu fünf Prozent Zinsen zur Verfügung."

Hirschensuhl 39-47.

Muldenweg 8-12.

Heckenweg, Baujahr 1913.

201 EFH bis 1914 erbaut

Bis zum Ausbruch des ersten Weltkriegs 1914 waren genau 201 Einfamilienhäuser erstellt. Richard Riemerschmid war nur bis 1911 an der Planung der Gartenstadt beteiligt. In diesem Jahr war er für die Errichtung von 46 Häusern am Finkenbrunn und im Buchenschlag verantwortlich. Außerdem geht der Bau des Verwaltungsgebäudes am Finkenbrunn 1, einer Gruppe von sechs Reihenhäusern an der Katzwangerstraße (heutige Julius-Loßmann-Straße) und der Häuser Finkenbrunn 2 und 4 auf seine Pläne zurück. Ebenfalls nur bis 1911 an der Bebauung der Gartenstadt beteiligt war der Architekt Heinrich Lotz. Von ihm stammten die Pläne für 26 Häuser am Hirschensuhl und für vier Häuser am Buchenschlag. An ihnen hatte die Baukommission des Aufsichtsrates einige Kritikpunkte, z.B. dass die Ein-

zeichnung der Badezimmer und der Aufgänge zum Obergeschoss falsch sei. Auch die steilen Dachneigungen stießen auf Ablehnung, dadurch wurden die großen Dachflächen zu teuer.

Ab 1912 entstanden dann nur noch Häuser nach Plänen von Hans Lehr, der auch in den folgenden Jahren mit dem Architekturbüro Lehr & Leubert der Gartenstadt treu blieb. Unter seiner Leitung wurden bis 1914 insgesamt 118 Häuser am Buchenschlag, im Hirschensuhl, im Heckenweg, im Raupenschlag und im Winkel gebaut.

Gutachten zeigt Vorteile auf

Ein Gutachten, das im Auftrag des Stadtmagistrats

Berufsstatistik der ersten 1715 Mitglieder der Gartenstadt Nürnberg E. G. m. b. H.	
1. Gegen Gehalt oder Lohn beschäftigt in gewerblichen Betrieben	1240
2. Privat= und Gewerkschaftsbeamte	13
3. Handlungsgehilfen, gegen Gehalt beschäftigte Kaufleute und Techniker	66
4. Freie Berufe	22
5. Staatsbeamte ausschließlich Post und Eisenbahn	10
6. Beamte und Arbeiter der Post und Eisenbahn	185
7. Lehrer	28
8. Beamte und Arbeiter der Stadt Nürnberg	34
9. Selbständige Gewerbetreibende	80
10. Personen ohne Beruf, Pensionisten	14
11. Frauen und Witwen ohne Berufsangabe	17
12. Juristische Personen	6
	1715

Die meisten Mitglieder der Genossenschaft waren Arbeiter.

Nürnberg vom Stadtbauamt Nürnberg als Grundlage für die Beratung über die hypothekarische Beleihung aus Mitteln der Landeskulturrentenanstalt 1912 abgegeben wurde, stellte die Vorteile der Einfamilienhäuser heraus.

Das Gutachten sagte u.a.: „Die Einteilung ist zweckmäßig und genügend weiträumig; dies gilt auch insbesondere für Vorplätze, Treppen und Aborte. Die Gebäude sind solide und meisterhaft hergestellt."

„Die Innenausstattung ist, den vorliegenden Zwecken entsprechend, einfach. Die Fußböden bestehen aus weichen Langriemenböden, die Decken sind geweißt, die Wände schabloniert. Die Küchenherde mit gewöhnlicher und Gasfeuerung; komplett eingerichtete Badezimmer; Aborte mit Wasserspülung; Gasbeleuchtung in drei Räumen, Wasserleitung, Entwässerung, elektrische Klingel."

„Die ganze Bauanlage macht einen sehr freundlichen und gemütlichen Eindruck."

„Die Entwässerung erfolgt nach der von der Gartenstadt angelegten Kläranlage und von hier aus nach dem städtischen Kanal."

Buchenschlag mit Durchblick zum Finkenbrunn (oben). Unten: Im Winkel

„Die Straße, an welcher die Gebäude stehen, ist chauffiert (geschottert) und mit Gas, Wasserleitung und Kanal versehen."

„Die Häuser sind also im Sinne des § 14 des Gesetzes betreffend die Landeskultur-rentenanstalt, als Kleinwohnungsbauten zu erachten und auch die Mietspreise sind so, wie sie für die minderbemittelte Bevölkerung in Betracht kommen."

„Der Realwert (Grund- und Bauwert) ist bei allen den

Buchenschlag 48.

23, 25, 27 und 39 haben außerdem noch eine Kammer mehr."

„Während bei den Gebäuden der ersten Bauperiode die Mieten pro Quadratmeter Nutzfläche höchstens Mk 5.-, meist aber weniger betrugen, liegen die Mietpreise der Gebäude der zweiten Bauperiode zwischen Mk 5.30 bis Mk 6.50, durchschnittlich Mk 5.60."

„Sehr mäßige Preise"

„Aber auch bei diesen Preisen sind die Wohnungen sehr begehrt und im Vergleich mit den kleinen Wohnungen in Miethäusern sind die jetzigen Preise als sehr mäßig zu erachten."

Zu den Mietpreisen wird im Geschäftsbericht für 1912 aufgeführt: „Während nämlich in den früheren Wohnungen auf den Mieter durchschnittlich nur 4,04 Räume treffen, verfügt er in unseren Häusern über 5,20 Räume; während der Raum in der früheren Wohnung in den Mietskasernen auf durchschnittlich Mk 85.76 (monatlich) zu stehen kam, kostet er bei uns im Einfamilienhaus nur Mk 72.88. Der Garten, der eine durchschnittliche Größe von 150 qm besitzt, kostet durchschnittlich Mk 36.46."

einzelnen Gebäuden und somit auch bei der ganzen Gruppe geringer als der Ertragswert, was beweist, dass die Häuser rentierlich sind."

„Die sämtlichen Einfamilienhäuser haben je 2 beheizbare Zimmer, 1 Kammer, Küche, Bad, Abort, Vorplatz, Keller und Boden. Nummer

Der Pfennig war das Mark der Währung
Kurt Karl Doberer erinnert sich an seine Jugend

Kurt Karl Doberer wurde am 11. September 1904 in Nürnberg geboren. An seine Jugend in der Gartenstadt, wohin die Familie nach dem Tod des Vaters im Jahr 1911 zog, erinnert er sich gerne zurück. Auf diesem Bild ist er vorne links zu sehen.

„Das Jahr 1911 brachte einen tiefen Einschnitt in mein Leben. Mein Vater war nach kurzer, schwerer Krankheit gestorben. Er hatte noch den Umzug von Sankt Leonhard nach der Gartenstadt geplant und war Mitglied der Baugenossenschaft geworden. Im Wald vor der Stadt wurde eine Siedlung von Einzelhäusern gebaut, die alle ein Stück Garten vor und hinter dem Haus hatten. Nun mussten wir den Umzug ohne unseren Vater bewerkstelligen.

Von der Gartenstadt waren eben die ersten Häuser fertig gestellt: zwei Häuserreihen am Hirschensuhl und am Finkenbrunn. Die dritte Häuserreihe war unsere am Buchenschlag. Hier standen nur die Häuser mit den geraden Hausnummern. Wo die zweite Häuserreihe entstehen sollte, war noch Wald. Die drei Straßen bildeten ein nach vorn offenes Viereck, in dem das Waschhaus für alle Einwohner in einem hohen Föhrenwald stand. Links vom Eingang zum Finkenbrunn befand sich das Verwaltungsgebäude, das der Architekt trutzig gebaut und mit einem Turm versehen hatte. Hier waren auch die Läden untergebracht, die die Einwohner mit Lebensmitteln versorgen sollten, der Konsum und der Metzger. Da man den Buchenschlag noch nicht als Straße bezeichnen konnte, musste unser Möbelwagen weitab halten. Der Transport zum Haus geschah auf Schienen mit den Loren, die zum Straßenbau verlegt waren. Ich erinnere mich an das Wehklagen meiner Mutter, als die Lore mit unserem Geschirr aus den Geleisen sprang. Zu dieser Zeit war die Gartenstadt nicht einfach ein Teil Nürnbergs, sie lag für sich allein draußen vor der Stadt. Auch die Straßenbahn fuhr nicht bis zu uns.

35

So waren wir denn ein durchaus selbständiges Gemeinwesen, und wir fühlten uns auch so. Die Gärten um die Häuser waren nicht mit Gras besät, um als Rasen zu protzen. In den Vordergärten wuchsen Johannisbeeren, Sta-chelbeeren, Erdbeeren und Blumen. In den Hintergärten wuchs das Gemüse, wuchsen gelbe Rüben, Spinat und Salat. Kartoffeln bauten wir auf den Äckern an der Minervastraße. Dank Konsum und Metzger hatten wir zum Leben alles, was wir brauchten. Metzelsuppe holten wir von der Wirtschaftsbaracke am Ende des Hirschensuhls. Dort feierten die Gartenstädter auch ihre rauschenden Feste. Hier wählten sie ihren Bürgermeister. Er war es natürlich nur ehrenhalber, denn die Gartenstadt hatte ihre reguläre Verwaltung.

Zur Schule mussten wir Kinder zum Gibit-zenhofer Schulhaus marschieren. Da ging es im Winter eine dreiviertel Stunde durch Wald und Schnee. Es war ein weiter Weg, aber wir überstanden ihn ohne den heute ortsüblichen Stress. Wenn wir um die letzte Ecke kamen, hofften wir natürlich, das Schulgebäude abgebrannt zu sehen. Aber dieses Glück hatten wir nie. Ich war in die Klasse eines frömmlerischen Lehrers gekommen, der mich als konfessionslose Halbwaise seinen kleinen Heiden nannte und auch entsprechend einreihte. Nachdem ich in der ersten Klasse mit der besten Note abgeschlossen hatte, bekam ich von diesem Lehrer die schlechtesten Zensuren meiner ganzen Schulzeit. Aber auch diese Zeit ging vorüber, und ich bekam wieder verständnisvolle Lehrer.

Unsere Freizeit verbrachten wir Kinder im Sommer meistens mit Spielen im Hochwald, der um das zentrale Waschhaus lag. Nach dem Dunkelwerden waren besonders im Winter die Abende nicht mehr lang, denn es gab ja noch kein elektrisches Licht. Immerhin hatte die Gartenstadt schon Gas zur Beleuchtung und zum Kochen. In der Küche war eine Gasuhr angebracht, die durch Einwerfen einer Münze in Gang gehalten werden musste. Das Licht vom Gasglühstrumpf war zwar nicht gerade ideal, aber uns, die wir an die Petroleumlampe gewöhnt waren, erschien es feenhaft. Auch vom Plumpsklo zum Spülklosett waren wir eine Zivilisationsstufe höher gestiegen.

Auf dem Platz vor dem Waschhaus trafen sich zu besonderen Anlässen auch die Erwachsenen. An einem Juliabend, an dem die Ermordung des französischen Sozialisten Jean Jaurès bekannt wurde, standen die Männer in Gruppen beisammen. Sie waren sich klar, dass nun ein Krieg nicht mehr aufzuhalten war.

Ein paar Wochen später war er blutige Wirklichkeit. Die Volksstimmung wurde durch Gerüchte angeheizt. So brachte man am Tunnel beim Rangierbahnhof links und rechts dicke Holzpfosten an, zwischen die ein Stahlseil gespannt wurde, das bärtige Landwehrsoldaten bedienten und bewachten. Es hieß, dass ein russisches Spionageauto abgefangen werden sollte, das Gold von Frankreich nach Russland – oder auch umgekehrt – bringen sollte.

Wir Kinder spürten den Krieg nur in den allmählich knapper werdenden Lebensmitteln. Das führte dazu, dass ich an einer ersten Friedensdemonstration teilnahm. Wir waren am Ring aufgestellt, um beim Besuch Köng Ludwigs in Nürnberg hurra zu rufen. Wir verabredeten aber, statt dessen "Hunger ham mer" zu rufen. Das hörte in den allgemeinen Hochrufen natürlich kein Mensch; wir waren trotzdem stolz darauf, unsere Meinung geäußert zu haben."

Kurt Karl Doberer: Der Pfennig war das Mark der Währung. Aus: Rudolf Pörtner (Hrsg.): Eine Kindheit im Kaiserreich, Econ Verlag 1987

Denkmäler
einer schweren Zeit

„Überteuerung" war das meist gebrauchte Wort

Millionäre waren zu dieser Zeit auch die Ärmsten. Viel kaufen konnten sie sich allerdings nicht für ihre Millionen. Auch die Bauwirtschaft stellte die galoppierende Inflation vor große Schwierigkeiten.

Minervastr. 108-170 und Fanny-Lebensmittel.

Hirschensuhl 40-42, Baujahr 1914.

Bis zum Ausbruch des ersten Weltkrieges hatte die Gartenstadt 201 Wohnungen errichtet. Der Ausbruch des ersten Weltkrieges und die damit verbundene ungünstige Geschäftslage im Lande sowie die Beschlagnahmung der für den Baubetrieb notwendigen Rohstoffe machten es unmöglich, die Bautätigkeit fortzusetzen.

Dennoch entwickelte sich die Gartenstadt weiter. Am 4. März 1916 wurde die erste Schule in der Gartenstadt eingeweiht: eine Baracke an der Katzwangerstraße (heutige Julius-Loßmann-Straße). In der Schulbaracke gab es vier Schulzimmer und ein Lehrerzimmer. Allerdings fehlten Lehrer. Laut Chronik stand in den ersten Wochen für 126 Kinder nur ein Lehrer zur Verfügung.

Drückende Wohnungsnot

Am drückendsten aber war die Wohnungsnot nach der Entlassung des Heeres Ende 1918, Anfang 1919. Nachdem das Staatsministerium für soziale Fürsorge, München, der Gartenstadt den notwendigen Zuschuss zur Errichtung von 64 Einfamilienhäusern per Bauhilfebescheid zugesagt hatte, begann man hier mit neuer

Falkenhorst 10-14.

39

Minervastr. 102-114, Baujahr 1921.

Die Häuser an der Katzwanger Straße (jetzt Julius-Loßmann-Straße) entlang der Straßenbahnlinie wurden 1922/23 erbaut.

Zuversicht die unterbrochene Bautätigkeit fortzusetzen. Der Rohstoffmangel wie der Mangel an Facharbeitern zögerte die Fertigstellung des Baublocks V so lange hinaus, dass die Häuser im Gebiet Falkenhorst/Buchenschlag/Muldenweg/Waldhof/Minervastraße erst im Juni 1920 bezogen werden konnten. Hierauf wurde mit dem Bau von weiteren 12 Einfamilienhäusern begonnen, die noch im gleichen Jahr fertiggestellt und im Januar 1921 bezogen werden konnten.

Galoppierende Inflation

In den Jahren 1921, 1922 und 1923 nahm die Bautätigkeit wieder zu. Mit dem Fortschreiten der Geldentwertung wurden die zu überwindenden Schwierigkeiten finanzieller und anderer Art jedoch immer größer. Es war fast nicht mehr möglich, Baukostenrechnungen aufzustellen, weil eine Preiserhöhung die andere jagte.

„Überteuerung" war das meist gebrauchte Wort jener Zeit. „Wenn wir trotzdem in jenen Jahren die stattliche Anzahl von 212 Wohnungen in Einfamilienhäusern und Mehrfamilienhäusern erbaut haben, so ist dies der Initiative der Verwaltung

Muldenweg 4-12 mit Waschhaus.

Minervaplatz 26-32.

GARTENSTADT NÜRNBERG G.M.B.H

OBERGESCHOSSE.

ERDGESCHOSSE

GRUPPE E

Mehrfamilienhäuser

"zuzuschreiben", heißt es im Geschäftsbericht.

Von dem Grundsatz, nur Einfamilienhäuser zu bauen, musste in diesen Jahren größter Wohnungsnot und Baukostenverteuerung abgewichen werden. 1922 wurden die ersten Mehrfamilienhäuser am Finkenbrunn 2 und 4 erstellt: 13 Wohnungen in drei Häusern. Es folgten 1923 an der Katzwanger Straße 140 Wohnungen in 28 Mehrfamilienhäusern.

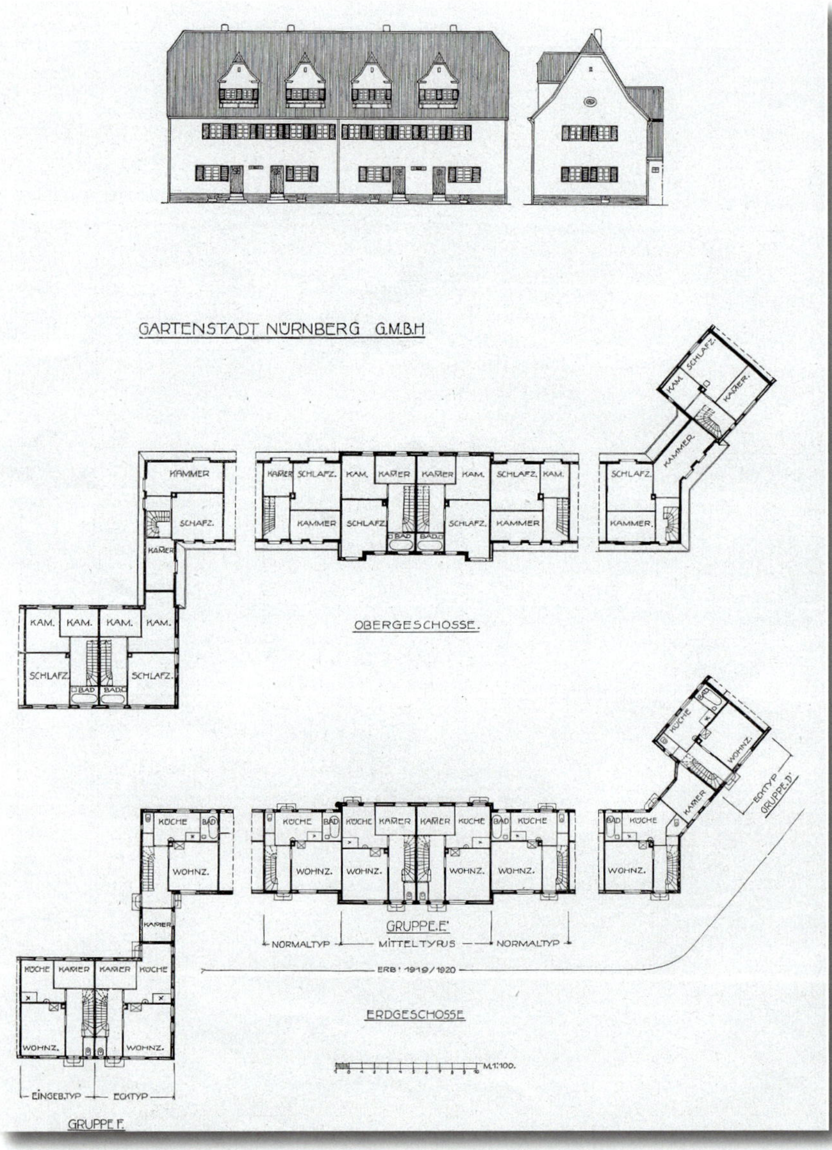

JAHRGANG XXII HEFT 9   SEPTEMBER 1923

MODERNE BAUFORMEN

MONATSHEFTE FÜR ARCHITEKTUR UND RAUMKUNST HERAUSGEGEBEN VON JULIUS HOFFMANN

Aus dem Inhalt:

Lehr & Leubert, Architekten, Nürnberg
Die Gartenstadt Nürnberg; Entwurf für ein Waisenhaus
Werry Roth, Architekt B.D.A., Berlin-Friedenau
Verwaltungsgebäude Warnecke & Böhm, A.G., Berlin-Weissensee
Dipl.-Ing. Ernst Prinz, Kiel
Gartenhaus Hochfeld am Westsee

Farbige Raumbilder

Fritz Bayerlein, München; August Dietterle, Berlin; Carl Müller, Köln; Paul M. Stoeseck †, Berlin

1 9 2 3

VERLAG JULIUS HOFFMANN/STUTTGART

Die Zeitschrift „Moderne Bauformen" widmete der Nürnberger Gartenstadt fast eine komplette Ausgabe. Sehr schön sind hier die Grundrisse und die architektonische Anordnung der Straßenzüge zu sehen.

Gruppe 4 am Muldenweg bezw. Minervastraße (1921)

Gruppe D, Fassade am Falkenhorst (1919)

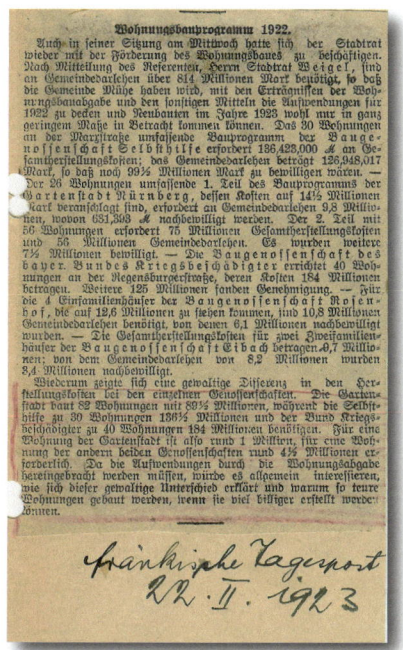

„Wiederum zeigte sich eine gewaltige Differenz in den Her-
stellungskosten bei den einzelnen
Genossenschaften. Die Gartenstadt baut 82 Wohnungen mit
89 1/2 Millionen, während die
Selbsthilfe zu 30 Wohnungen
136 1/2 Millionen und der Bund
Kriegsbeschädigter zu 40 Wohnungen 184 Millionen benötigen.
Für eine Wohnung der Gartenstadt ist also rund eine Million,
für eine Wohnung der andern
beiden Genossenschaften rund
4 1/2 Millionen erforderlich. Da
die Aufwendungen durch die
Wohnungsabgabe hereingebracht
werden müssen, würde es allgemein interessieren, wie sich dieser gewaltige Unterschied erklärt
und warum so teure Wohnungen
gebaut werden, wenn sie viel
billiger erstellt werden können."

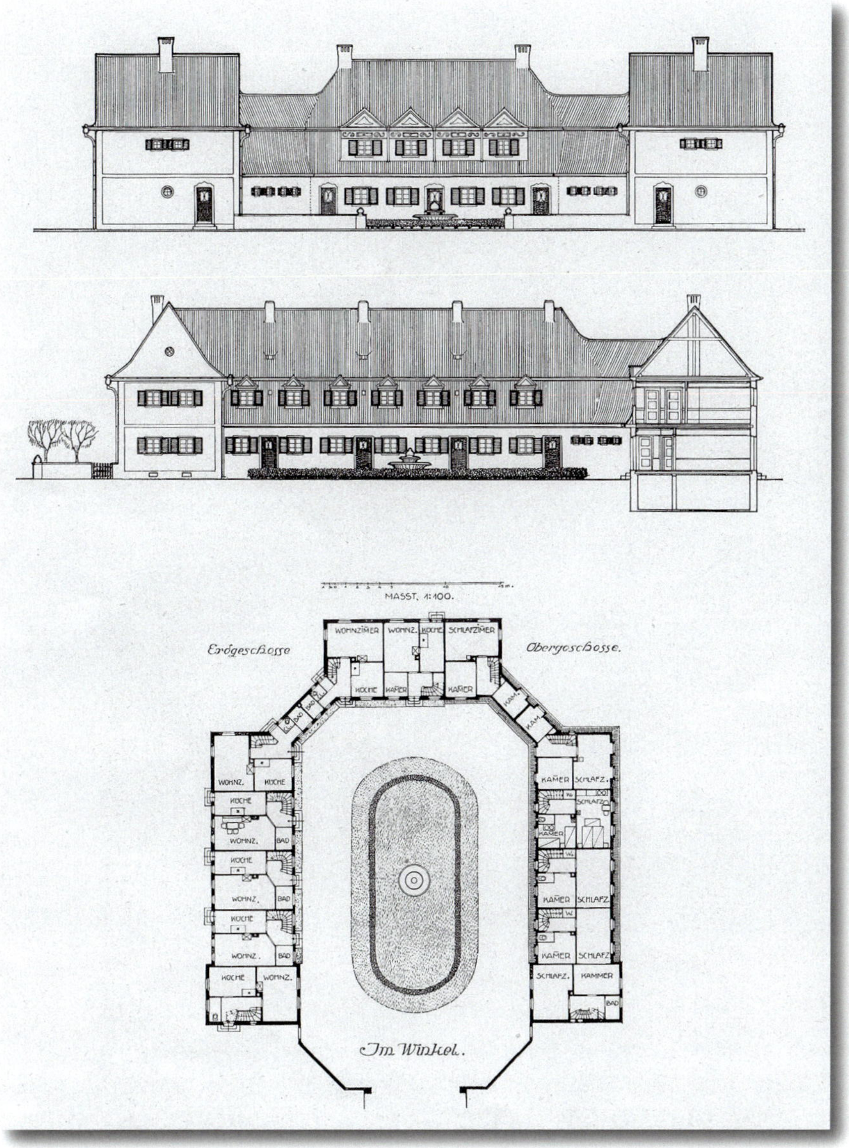

MASST. 1:100.

Erdgeschosse.

Obergeschosse.

Im Winkel.

Gruppe E, Fassade am Buchenschlag (1919)

Frauenlobstr. 3, Baujahr 1926.

Im Geschäftsbericht führt der Vorstand dazu aus: „Aber auch die Erstellung der Mehrfamilienhäuser in der ruhigen Sachlichkeit ihres Äußern und in der Zweckmäßigkeit ihres Innern, hat dem Ansehen der Gartenstadt keinen Abbruch getan. Sie sind Denkmäler einer schweren Zeit."

Dass die Gartenstadt trotz schwieriger Umstände gut zu wirtschaften verstand, geht aus einem Artikel in der Fränkischen Tagespost vom 22. Februar 1923 hervor. Darin wird festgestellt, dass die Gartenstadt viel billigere Wohnungen baut als andere Bauträger. Für eine Wohnung der Gartenstadt sei rund eine Million Reichsmark, für eine Wohnung der anderen beiden Genossenschaften rund 4,5 Millionen Reichsmark erforderlich.

Die Entwertung der Mark hatte 1923 ihren Höhepunkt erreicht. Es folgte die Stabilisierung der Währung. Aus der Goldmarkbilanz wird ersichtlich, dass die Inflation

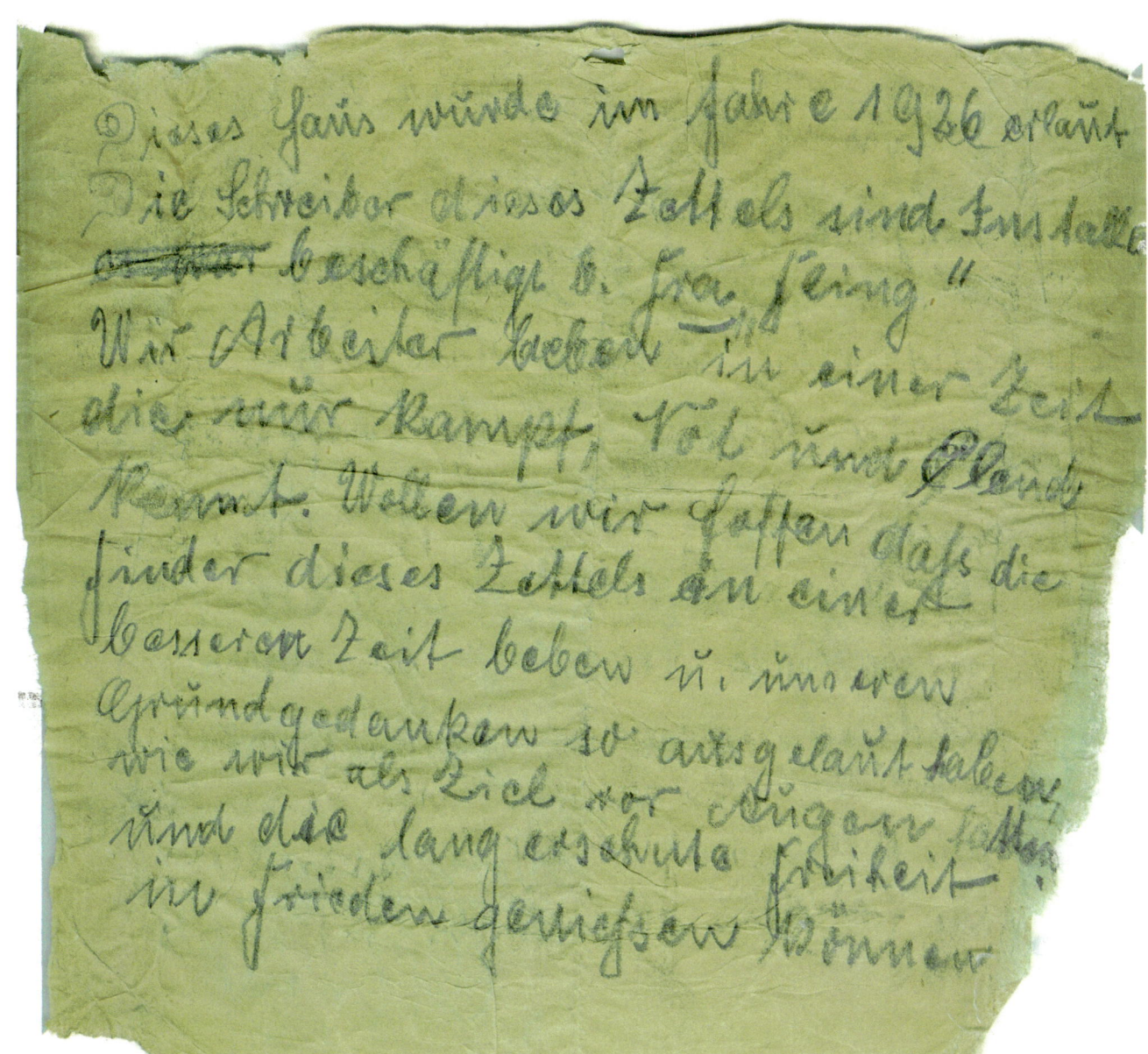

Dieser Zettel wurde 1973 beim Umbau des Anwesens Tannhäuser Straße 54 versteckt hinter dem Heißwasserboiler gefunden: „Dieses Haus wurde im Jahr 1926 erbaut. Die Schreiber dieses Zettels sind Installateure beschäftigt bei Firma Kling. Wir Arbeiter leben in einer Zeit, die nur Kampf, Not und Elend kennt. Wollen wir hoffen, daß die Finder dieses Zettels in einer besseren Zeit leben und unseren Grundgedanken so ausgebaut haben wie wir als Ziel vor Augen hatten und die lang ersehnte Freiheit in Frieden genießen können. Ein kräftiges Frei-Heil unseren Nachkommen Karl Stief, Josef Heinrich, Karl Rosenberger. Drei traurige Buben

Die ersten Mehrfamilienhäuser an der Katzwanger Straße – jetzt Julius-Loßmann-Straße/An der Schwarzlach.

der Genossenschaft in ihrer Vermögenslage keinen Schaden zufügte. Im Gegenteil: es war ein Wertzuwachs eingetreten. Der so genannte „Inflationsgewinn" kam der Genossenschaft in vollem Umfang wieder zugute.

Inflationsgewinn eingesetzt

Seit 1919 konnten Kleinwohnungsbauten nur noch mit Hilfe der öffentlichen Hand erbaut werden. Bei einem Baukostenindex, der 200 Prozent der Vorkriegsbaukosten erreicht hatte und einem Zinssatz, der noch höher lag, hätten Wohnungen

eine Miete erfordert, die von der minderbemittelten Bevölkerung niemals hätte getragen werden können. Es reichten aber auch die zur Verbilligung der Mietpreise bereits geltenden staatlichen Wohnungsbaudarlehen nicht mehr aus.

Mietausgleich

Die Aufstellung der Finanzpläne zeigte, dass die Genossenschaft bei Fortsetzung ihrer Bautätigkeit über 25 Prozent Eigenkapital hätte aufbringen müssen, dessen Verzinsung nicht möglich war, weil sonst die sich ergebenden Mieten ins Unermessliche gestiegen wären. In dieser Zeit hat sich die Gartenstadt im Interesse ihrer wohnungssuchenden Mitglieder ihrer stillen Reserven aus der Inflationszeit dadurch enteignet, dass sie mit den Überschüssen aus den Mieten der Altwohnungen einen Mietausgleich für die Neubauwohnungen vorgenommen hat.

Am Ende des Jahres 1927 waren 850 Wohnungen erstellt. Weitere 44 Einfamilienhäuser befanden sich im Bau. Bis 1929 entstanden

Die Straßenbahn stellte für die Gartenstadtbewohner eine wichtige Verkehrsverbindung dar.

alle restlichen Einfamilienhäuser nördlich des Finkenbrunns sowie Mehrfamilienhäuser an der Julius-Loßmann-Straße (früher: Katzwanger Straße) und der Minervastraße.

Bäder eingerichtet

Die Gartenstadt hatte von dem für sie reservierten Gelände von 65 Hektar bereits 37 Hektar käuflich erworben und bis auf neun Hektar bebaut. Bereits damals hat die Verwaltung auf die Instandhaltung der Altwohnungen großen Wert gelegt. Es wurden Verbesserungen durchgeführt, wo immer sich dies als notwendig erwies. Insbesondere wurden in den Mehrfamilienhäusern in einer großen Anzahl von Wohnungen auch Bäder eingerichtet.

Ein Uhrenhäuschen stand ursprünglich auch vor dem Eingang des Südfriedhofs.

Ein Platz zum Lernen
1916 bekamen die Gartenstädter eine eigene Schule

Das Schulhaus in der Regenbogenstraße.

1914 wohnten bereits 200 Kinder in der Gartenstadt. Damals wurde zum ersten Mal der Bau einer Schulbaracke mit vier Schulsälen beantragt. Die Kinder mussten nach Gibitzenhof oder in die Sperberstraße zur Schule. Am 4. März 1916 konnte der Bau bezogen werden. Die oberen Klassen mussten aber immer noch einen weiten Weg auf sich nehmen zur Schule am Verschubbahnhof. 1921 wurde die Errichtung eines weiteren Schulgebäudes angeregt und 1926 mit dessen Bau begonnen. Damals wurde der Trakt entlang der Regenbogenstraße gebaut, der andere Trakt folgte erst 1935.

Der Stadtrat beschloss, dieser neuen Schule den Namen Pestalozzischule zu geben. Am 9. Mai 1927 wurde sie feierlich eröffnet. „Gestern hatte die Gartenstadt Festschmuck angelegt. Fast jedes Haus, das aus prangendem Grün hervorschaut, hatte die Farben der Republik gehisst. Überall flatterten die Schwarzrotgoldenen Reichsfarben und grüßten die Schulkinder, die im Sonntagskleid von der alten Schulbaracke aus durch die Gartenstadt zum neuen Schulhaus zogen." So berichtete die „Fränkische Tagespost".

Die Schule bot Platz für zehn Schulräume, einen Vortragssaal, Bibliothek, Zeichensaal und Modellraum, Raum für Fortbildungsschüler, Wascheinrichtungen und Abortanlagen, Räume für Schulleitung, Lehrer und Schularzt, Turnhalle und im Keller Heizung, Waschräume, Lehrküche mit mehreren Gasherden, Schulwerkstätte für Buben, die mit Hobel und Drehbänken eingerichtet werden soll. „Weniger schön, ja unverständlich ist, dass die Wohnung des Hausmeisters ebenfalls im Keller liegt", kritisierte der Redakteur der Fränkischen Tagespost.

1929 begannen die Arbeiten am Schulgarten und schon 1930 konnten zwei Klassen ins Schullandheim nach Weißenburg fahren. 1931 besuchten schon 446 Kinder die Pestalozzischule. Nachdem die Schule 1935/36 auf 16 Klassen angewachsen war, konnte endlich der neue Flügelbau am 20.1.1936 bezogen werden. Dies beendete die Raumnot jedoch nicht. Schon im nächsten Schuljahr mussten Klassen in die Baracke an der Katzwanger Straße ausquartiert werden. Erst durch die Einweihung des Schulhauses Saarbrückener Straße am 1.12.1938 konnte die Raumsituation entschärft werden. Doch bald kamen andere Probleme auf die Schule zu. Mangels Brennstoff gab es in der Zeit von Dezember 1940 bis März 1941 so genannte „Kohlenferien". Gegen Ende des Krieges wurde dann die Turnhalle und das Schulhaus von Bomben getroffen und beschädigt. Der Schulbetrieb musste für längere Zeit eingestellt werden.

Notverordnungen und Notbauprogramme

Die Wirtschaftskrise machte sich überall bemerkbar

Der 24. Oktober 1929, der „schwarze Donnerstag", markiert den Beginn der schwersten weltweiten Wirtschaftskrise aller Zeiten. Mit zahlreichen Notverordnungen, auch für die Bauwirtschaft, versuchte die Regierung der Krise zu begegnen.

Heckenweg mit Blick zum Heckenhof 1928

Die weltweite Wirtschaftskrise führte vor allem in Deutschland zu schweren wirtschaftlichen Depressionen. Für das Jahr 1929 wurden 36 Wohnungen im Frühjahrsbauprogramm und 33 Wohnungen im Herbstbauprogramm in Einfamilienhäusern bewilligt.

Die Darlehensbestimmungen des Staatsministeriums für Landwirtschaft und Arbeit für 1929 und 1930 wurden verschärft. Die Verschärfung lag darin, dass der größte Teil der Neubauwohnungen an Familien mit mindestens zwei im Haushalt lebenden Kindern vergeben werden musste. Dafür wurden aber auch etwas erhöhte Staatsdarlehen vergeben, 6.000 Mark pro Wohnungseinheit.

Reichsnotbauprogramm

Für 1930 war zwar der Bau von 65 Wohnungen genehmigt worden. Im Laufe des Jahres trat dann jedoch die „Verordnung der Reichsregierung zur Belebung der Bautätigkeit und Behebung dringender Wohnungsnot" in Kraft, die zu dem bekannten Reichsnotbauprogramm geführt hat. Nürnberg wurde darin mit 350 Wohnungen berücksichtigt. Mit einigen Schwierigkeiten beim Stadtrat Nürnberg, aber dank der Unterstützung durch das Ministerium für Landwirtschaft und Arbeit in München, kam die Genossenschaft bei diesem Reichsnotbauprogramm mit 60 Wohnungen zum Zuge: Finkenbrunn 38-48 und 47-51 sowie Regenbogenstraße 189-193 und 198-202.

Allerdings galten für diese Wohnungen strenge Auflagen. So berichtet der Vorstand im Geschäftsbericht für 1930: „Durch Heranziehung aller technischen

Tannhäuserstraße mit Blick zur Regenbogenstraße, erbaut 1926.

Möglichkeiten und durch den glücklicherweise doch genehmigten Einbau von Bädern ist auch bei diesem Notbauprogramm Gutes erreicht worden. (...) Das Rad der kulturellen Entwicklung im Wohnungsbau darf nicht weiter zurückgedreht werden. Deshalb ist nicht unberechtigt Kritik an den neuerdings bekannt gewordenen Reichsgrundsätzen für Wohnungsbau geübt worden."

Doch der wirtschaftliche Niedergang ließ sich auch durch Notverordnungen nicht aufhalten. Zusammenbrüche großer Unternehmen standen auf der Tagesordnung. Die öffentliche Hand musste kranke Betriebe übernehmen und ganze Wirtschaftszweige stützen. Die Gartenstadt war deshalb bei der Durchführung des Frühjahrsbauprogrammes 1931 im wahrsten Sinne des Wortes auf ihre eigene Kraft angewiesen.

Geldknappheit

Die für die Finanzierung von 42 Wohnungen bewilligten Staatsdarlehen flossen nur allzu zögernd. Trotzdem konnten 18 Wohnungen in Einfamilienhäusern an der Paumannstraße und 24 Klein-wohnungen am Finkenbrunn errichtet werden.

Das Herbstbauprogramm fiel indessen der Geldknappheit zum Opfer, wie im Geschäftsbericht für 1931 beklagt wird: „Leider durften wir das bereits genehmigt gewesene Herbstbauprogramm für 1931 nicht beginnen, weil das Bayerische Staatsministerium der Finanzen selbst für bewilligte Bauvorhaben Gelder nicht mehr flüssig machen konnte."

Im Herbst 1931 wurde dann durch die dritte Reichsnotverordnung die Fortsetzung

Mitteilungsblatt

der Gartenstadt Nürnberg eGmbH.

Geschäftsstelle: Nürnberg-S
Finkenbrunn 1, Fernsprecher 43891

Herausgegeben vom Vorstand der Baugenossenschaft Gartenstadt eGmbH. · Das Mitteilungsblatt erscheint zur Unterrichtung der Mitglieder der Gartenstadt Nürnberg eGmbH. jeweils nach Bedarf

Nummer 1   Oktober 1931   1. Jahrgang

Zum Geleit!

Unsere „Gartenstadt" begeht eben ihren 23. Geburtstag. Die noch lebenden zahlreichen Gründungsmitglieder haben das erstrebte Ziel: in einer gesunden, hygienisch einwandfreien Genossenschaftswohnung, umgeben von Gartenland, zu leben, erreichen können. Wie wir auch an dieser Stelle sagen möchten, dank wahren genossenschaftlichen Handelns.

Das gegebene gute Beispiel wirkte vorbildlich. Immer neue Mitglieder kamen zur Genossenschaft.

In gesetzmäßigem organischen Werden entstand *die Gartenstadt Nürnberg*, die heute allgemeine Beachtung findet. Anfang 1919, als die Wohnungsnot am drückendsten geworden war, strömten förmlich die Mitglieder zur Genossenschaft. Sie erreichte die Zahl von über 4500 Genossen.

Nach dem Genossenschaftsgesetz und entsprechend unserer Satzung ist die Hauptversammlung das oberste Organ der Genossenschaft. Zum vornehmsten Rechte der Mitglieder gehörte, wie es in der alten Satzung heißt: an den Beschlüssen und Wahlen der Hauptversammlung teilzunehmen. Bei einer Mitgliederzahl von über 4500 war es aber nicht mehr möglich eine Hauptversammlung aller Mitglieder abzuhalten. Das hatte auch der Gesetzgeber erkannt. Er hat deshalb in einer Novelle zum Genossenschaftsgesetz bestimmt, daß Genossenschaften mit mehr als 3000 Mitgliedern die Vertreterversammlung einführen müssen.

Die Gartenstadt ging zunächst an die Säuberung der Mitgliederliste, indem sie die „Papiersoldaten" ausschloß, die Mitglieder also, die die Pflichten gegenüber der Genossenschaft nicht erfüllt und gezeigt hatten, daß sie an ihr kein Interesse mehr haben. Nichtsdestoweniger blieb ein Bestand von über 3500 Genossen. Das ist an sich natürlich höchst erfreulich. Die Verwaltung erhielt aber dann auch im Jahre 1928 vom Genossenschaftsrichter die Auflage, die Vertreterversammlung einzuführen. Die Mitgliederhauptversammlung vom 21. November 1929 entsprach diesem Verlangen. Die erste Vertreterversammlung beschloß die Revision der Satzung und die Einführung eines neuen Organs: den Genossenschaftsrat.

Das demokratische Prinzip war damit nicht nur vollständig gewahrt, sondern auch besser herausgestellt worden. Die Vertreterversammlung hat sich inzwischen durchaus gut bewährt. Dagegen ist die Befürchtung nicht verstummt, es könnte die enge Verbindung mit den Mitgliedern leiden.

Die genossenschaftliche Entwicklung innerhalb unseres Wirtschaftslebens ist ohne die tätige Mitwirkung aller Genossen undenkbar. In einer Baugenossenschaft, wie unsere Gartenstadt, mit 1143 Wohnungen, in denen rund 6500 Menschen wohnen, muß eine gute Verbindung mit den Mitgliedern, den Trägern der Genossenschaft, gepflegt werden. Daß das, mit der immer mehr zunehmenden Größe der Genossenschaft, nicht mehr in derselben Form wie früher möglich ist, leuchtet ein.

Die Verwaltung hat deshalb auf Anregung des Genossenschaftsrats die Herausgabe eines Mitteilungsblatts beschlossen.

Wir versprechen uns dadurch eine Bereicherung des Genossenschaftslebens.

Das Ärztehaus am Raupenschlag.

der gemeinnützigen Bautätigkeit infolge der Hauszinssteuer-Senkung überhaupt in Frage gestellt. Für die Verwaltung der Gartenstadt brachten die Notverordnungen eine Menge zusätzliche Arbeit mit sich. Auch die Erhöhung der Mieten wurde unumgänglich.

Links: Das 1931 eingeführte Mitteilungsblatt sollte nach Vorstellung der Herausgeber das Genossenschaftsleben bereichern.

Protestversammlung

Im Revisionsbericht des Wohnungsverbandes für 1930 hieß es wörtlich, „dass die Genossenschaft dafür Sorge tragen muss, eine Erhöhung der Einnahmen herbeizuführen." Infolgedessen beschloss die Verwaltung, die Mieten ab dem 1. August 1931 allgemein um fünf Prozent zu erhöhen, auch die Mieten für die

Läden, bei gleichzeitiger Ausgabenkürzung.

Die Mieterhöhung wurde von einzelnen Bewohnern der Gartenstadt dazu ausgenutzt, eine Protestversammlung einzuberufen, zu der mit einem Flugblatt eingeladen worden war.

„Sühnegebühr"

In diesem Flugblatt wurde die Verwaltung aufs Schwer-

Blick zum Verwaltungs- gebäude in den dreißiger Jahren.

ste beleidigt. Gegen den Verfasser des Flugblattes wurde Beleidigungsklage gestellt, die zur Folge hatte, dass alle unhaltbaren Behauptungen zurückgenommen und eine „Sühnegebühr" an die Arbeiterwohlfahrt bezahlt werden musste.

Die Notverordnung vom 8.12.1931 brachte neben vielen schweren Belastungen (Lohn- und Gehaltskürzungen) auch eine Senkung von Hypothekenzinsen. Dies sollte – laut Regierung – eine Herabsetzung der Mieten um 15 Prozent ermöglichen. Die Mieten wurden tatsächlich gestaffelt gesenkt.

Von dem im Juni 1931 eingetretenen Bankenkrach war die Genossenschaft insofern betroffen, als sie über ihre Bankguthaben nicht frei verfügen konnte. Sie war nur deshalb kurze Zeit nicht in der Lage, sofort den verlangten Rückzahlungen von Sparguthaben zu entsprechen.

Mitteilungsblatt eingeführt

Auf Wunsch des neu gegründeten Genossenschaftsrates wurde 1931 ein Mitteilungsblatt eingeführt, von dem sich die Verwaltung eine „Bereicherung des Genossenschaftslebens" versprach.

Kirchen in der Gartenstadt

Die traditionell eher auf Seite der Herrschenden stehenden Kirchen hatten es bei den überzeugten Sozialdemokraten und Anhängern der Arbeiterbewegung in der Gartenstadt nicht gerade leicht. Es ist wohl kein Zufall, dass in der Gartenstadt relativ viele Konfessionslose und Freidenkende wohnten. Eine Aufstellung aus dem Jahr 1926 über die Glaubenszugehörigkeit ergab folgendes Bild:

367 Protestanten, 149 Katholiken, 88 Freireligiöse, 70 Konfessionslose und 8 Freidenkende wohnten laut

Statistik alleine im Buchenschlag 1-163.

Doch trotz aller Vorbehalte blieb die Gartenstadt nicht ohne christlichen Beistand.

Die katholische Gemeinde St. Franziskus

Die Anfänge der katholischen Gemeinde St. Franziskus gehen zurück auf das Jahr 1924. Bis dahin mussten die Katholiken der Gartenstadt bis nach St. Ludwig in Gibitzenhof zur heiligen Messe. Am 7. September 1924 feierte Pater Gamelbert Meier, Stadtpfarrer von St. Ludwig, in der Gartenstadt im Wirtshaussaal der Rangierbahnhof-Ausfahrt die erste heilige Messe.

1927 erwarb die katholische Kirche ein Baugelände in der Nähe der damaligen Schulbaracke am westlichen Rand der neuen Siedlung. Am 22. Dezember 1929 benedizierte Pater Gamelbert Meier die neu erbaute Notkirche St. Franziskus. Bereits am 19. Januar 1930 wurde ein Anbau mit Kindergarten und Schwesternwohnung eingeweiht. Zwei Franziskusschwestern zogen ein und halfen mit beim Aufbau der Gemeinde.

1931 wurde die Seelsorgestelle zur selbständigen

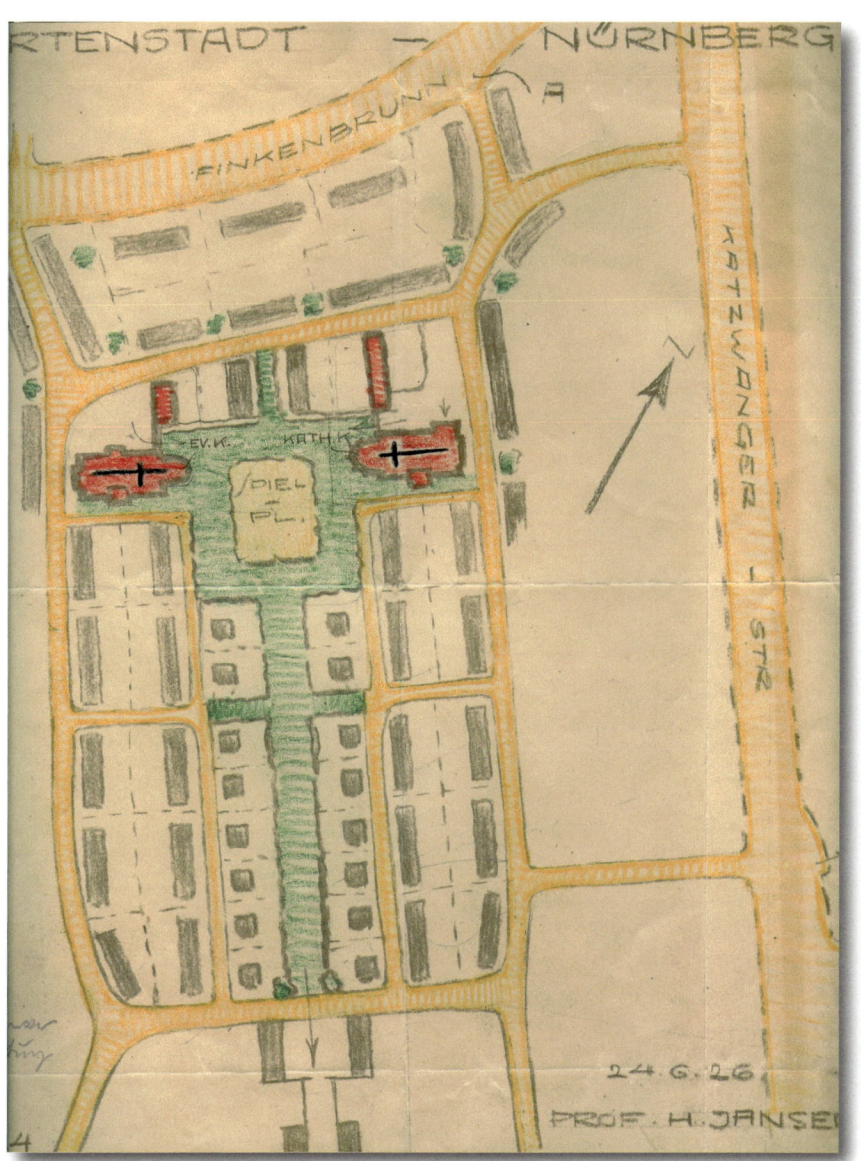

Auf diesem Plan von 1926 ordnete der vom Stadtverwaltungsamt Nürnberg beauftragte Professor Jansen die beiden Kirchen spiegelbildlich an.

Kuratie erhoben. Eine eigene Pfarrei ist St. Franziskus im Jahr 1953 geworden. Ein neues Pfarrzentrum mit Kinderwohngarten, Jugendräumen, Pfarrsaal und eigenen Schwesternwohnungen weihte Dr. Arthur Michael

Die katholische Kirche St. Franziskus (links) und die evangelische Kirche Emmaus (rechts) sind seit über 70 Jahren fester Bestandteil der Gartenstadt.

Landgraf, Weihbischof aus Bamberg, am 22. Juli 1956 ein.

Die Notkirche aus dem Jahr 1929 wurde dann allmählich zu klein. So plante Pater Parthenius in den Jahren 1957/58 den Bau einer Pfarrkirche. Der Klostergarten bot genügend Platz. Am 14. Dezember 1958 erfolgte die Grundsteinlegung. Am 19./20. März 1960 erteilte Erzbischof Dr. Josef Schneider der neu erbauten St. Franziskus Kirche die kirchliche Weihe.

Die evangelische Gemeinde Emmaus

Bis zur Erbauung der Emmauskirche gehörten die Gemeindemitglieder zur evangelischen Kirche St. Paul am Rangierbahnhof und mussten einen weiten Weg zurücklegen, um den Gottesdienst zu besuchen.

Der Name Emmaus erinnert an die biblische Geschichte, in der sich zwei Jünger auf den Weg nach Emmaus machen, einem Dorf, das etwa zwei Wegstunden zu Fuß von Jerusalem entfernt ist. Nicht umsonst wurde dieser Name für die Gemeinde gewählt – die evangelischen Christen fühlten sich in der Gartenstadt mit der großen Mehrheit der Sozialisten und dem starken Bund für Geistesfreiheit wohl wirklich wie außerhalb von schützenden Mauern.

Am 9. November 1930 wurde der Grundstein für die evangelische Kirche gelegt, am 12. Juli 1931 weihte Kreisdekan Rüdel die Kirche ein. Bereits 1937 wurde nach einem Beschluss des Staatsministeriums Emmaus zur selbständigen Gemeinde erhoben.

Gemeindezentrum

Am 10. Oktober 1944 wurden Kirche und Pfarrhaus von Fliegerbomben getroffen. Nach dem Wiederaufbau wurde 1959 auch ein Gemeindezentrum am Schulze-Delitzsch-Weg eröffnet.

1969 weihte die Gemeinde einen Kindergarten ein, im Herbst 1973 wurde ein Jugendsportzentrum seiner Bestimmung übergeben.

Nach einem Jahr Bauzeit und 13 Jahren Planungszeit konnte am 3. Oktober 1999 das EmmHaus in der Pachelbelstr. 15a eingeweiht werden.

Mehr als ein beliebtes Ausflugsziel
Gesellschaftshaus Gartenstadt als Mittelpunkt

Mit dem Gesellschaftshaus Gartenstadt ist ein Name unzertrennlich verbunden: Georg Rosenbauer. „Der Rosenbauer" war ein beliebtes Ausflugsziel nicht nur bei den Gartenstädtern.

Die erste „richtige" Gastwirtschaft wurde am 13. April 1913 am Heckenweg eingeweiht. Davor gab es zwei Holzbaracken an der Minervastraße, die so genannte Kantine. Am 23. November 1915 übernahm Rosenbauer das Gasthaus nach eigenen Aussagen „vollständig abgewirtschaftet". Das Hausschlachten war seinerzeit noch erlaubt. Doch schon im März 1916 kam die Zwangswirtschaft. Aufgrund des schlechten Umsatzes seines Vorgängers wurde Rosenbauer von der Fleischverteilung kaum berücksichtigt, was ihn schließlich zum Schwarzschlachten „zwang". Im März 1918 wurde er deswegen für zwei Monate verhaftet, sein Besitz wurde beschlagnahmt. Erst nach eineinhalb Jahren erhielt er wieder eine Konzession.

Rosenbauer setzte sich vehement für den Bau eines neuen Gasthauses ein. In einer „Denkschrift" vom 24. September 1926 führte er dazu aus: „Die Entwicklung der Gartenstadt sowie der Zuzug von der Stadt selbst hat uns schon seit einigen Jahren bewogen darüber nachzudenken, wie den schauderhaften Zuständen in den Wirtschaftsanwesen entgegengetreten werden kann. Man müsste sich allmählich entschließen, dem Neubau eines modernen leistungsfähigen Betriebes näher zu treten, um auch der Bevölkerung der Garten-

Das 1930 eröffnete Gesellschaftshaus Gartenstadt wurde zum Mittelpunkt des gesellschaftlichen Lebens.

stadt in kultureller sowie gesellschaftlicher Beziehung Rechnung zu tragen." Nach Meinung Rosenbauers sollten ein Wirtschaftsgebäude, ein Saalbau, eine Gartenanlage, Kellerräume, eine Kegelbahn und ein Hofraum errichtet werden.

Am 4. April 1929 wurde mit der Errichtung des Gesellschaftshauses Gartenstadt begonnen. Die Architekten Lehr und Leubert zeichneten

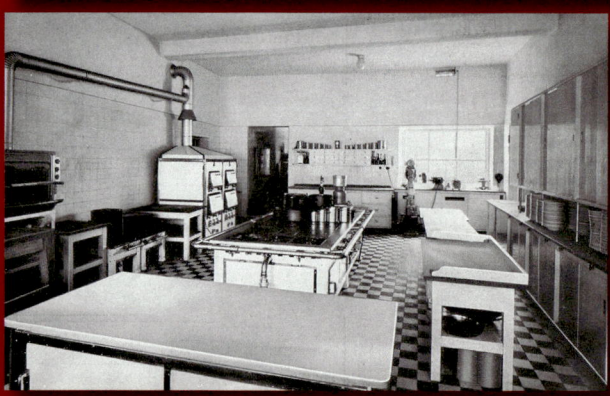

Der große Saal (oben) für Veranstaltungen aller Art den passenden Rahmen. Links: Blick in die modern ausgestattete Küche. Unten: Haupteingang zum großen Saal mit Garten-Veranda.

dafür verantwortlich. Am 16. April 1930 wurde das Gesellschaftshaus feierlich eröffnet. Die überbaute Fläche mit Kegelbahn betrug 2.080 qm, 5.560 qm Wirtschafts- und 600 qm Kaffeegarten. Der große Saal bot rund 1.000 Sitzplätze. Alle Räume waren gediegen ausgestattet, Wirtschafts- und Sanitärräume entsprachen dem letzten Stand der Technik. Parkettfußböden, hölzerne Wandverkleidungen, eine Kassettendecke im großen Saal, Bleiverglasungen im Treppenhaus und Wandmalereien konnten trotz der katastrophalen Wirtschaftskrise realisiert werden.

„Gesellschaftshaus Gartenstadt"

ERÖFFNUNG

Samstag, den 19. April 1930

Indem wir das neue Gesellschaftshaus dem öffentlichen Betrieb übergeben, hoffen wir gerne, daß es allen seinen Gästen eine Erholungsstätte sein möge und daß insbesondere die Genossenschafter Nutzen daraus ziehen werden.

Gartenstadt Nürnberg e. G. m b H.
Die Gesamtverwaltung.

Wir haben das

„Gesellschaftshaus Gartenstadt"

in Pacht genommen und beehren uns die verehrliche Gesamtbevölkerung von Nürnberg, Fürth und Umgebung, insbesondere die Mitglieder der Gartenstadt, Gewerkschaften und Vereine ergebenst einzuladen.

Zum Ausschank kommt Bier vom Brauhaus Nürnberg.

Die modernen technischen Einrichtungen des neuen Gesellschaftshauses ermöglichen es, unsere Gäste in jeder Weise zufrieden zu stellen.

Mit vorzüglicher Hochachtung

Georg Rosenbauer u. Frau.

Vom Genossen zum Parteigenossen

Auch die Gartenstadt wurde „gleichgeschaltet"

Blutige Zusammenstöße in der Gartenstadt

80 Mitglieder der Baugenossenschaft Gartenstadt verhaftet - Große Polizeiaktion
Mehrere Schwerverletzte

Die Wohnungskolonie Nürnberg Gartenstadt war gestern abend Schauplatz schwerer politischer Zusammenstöße, bei denen es auch mehrere Schwer- und einige Leichtverletzte gab.

Der Polizei und der Gauleitung der NSDAP. war mitgeteilt worden, daß der Vorsitzende Schramm der Baugenossenschaft Gartenstadt (der übrigens mit dem erst vor kurzem aus der Schutzhaft in Dachau entlassenen ehemaligen Reichsbannerführer Schramm nicht identisch ist, wie zunächst auch von der Polizei angenommen wurde!) in einer, am gestrigen Abend stattgefundenen Sitzung der Genossenschaft, die von rund 80 Personen besucht war, schwere Beleidigungen gegen die Reichsregierung ausgestoßen habe. Auf diese Meldung hin suchte Gaupropagandaleiter Karl Holz in Begleitung einiger Polizeibeamter und mehrerer SA-Männer die Versammlung in der Gartenstadt auf, um Schramm festzunehmen.

Schramm widersetzte sich jedoch unter Aufbietung all seiner Kraft der Festnahme und griff, als man ihn zu überwältigen versuchte, nach einer Bierflasche, mit der er auf die Beamten und SA-Leute einhieb, bis er überwunden werden konnte. Zugleich entstand eine allgemeine Rauferei, so daß das Ueberfallkommando alarmiert und polizeiliche Verstärkung herbeigerufen wurde. Bei der Schlägerei wurde Schramm so schwer verletzt, daß er ins Krankenhaus eingeliefert werden mußte, ein SA-Mann Rieß erhielt eine klaffende Schädelwunde durch einen Schlag mit der Bierflasche und Karl Holz wurde an der Hand verletzt.

Regierungsrat Dr. Martin, der sofort nach Bekanntwerden des Vorfalls in die Gartenstadt geeilt war, ordnete sofort die entsprechenden Maßnahmen an und leitete eine große Polizei-Aktion ein, die im Laufe der Nacht von 180 Polizisten und 250 SA-Leuten unter Führung von Polizeimajor von Hartlieb durchgeführt wurde und dem Zwecke diente, die Gartenstadt nach Waffen und Munition zu durchsuchen.

Die Aktion, die sich bis in die Morgenstunden hineinzog, verlief recht erfolgreich, da eine Masse Waffen beschlagnahmt werden konnte. Insgesamt fand man: 2 Pistolen, 4 Infanteriegewehre, 7 Kleinkalibergewehre, 5 Jagdgewehre, 1 Pistole 08, 5 Brownings, 1 Leuchtpistole, 1 Tesarol, 9 Trommelrevolver, eine größere Menge Munition, 24 Seitengewehre und Säbel, 4 Dolche und eine Anzahl feststehender Messer.

Von den Teilnehmern an der Versammlung, die gleichgeschaltet werden sollte, bei der sich aber Schramm geweigert hatte, Karl Holz das Wort zu geben, wurden 77 verhaftet und auf die Polizeidirektion verbracht, um dort vernommen zu werden.

Das große Pfingst-Reit- und Spring-Turnier, das der Nürnberger Rennverein zusammen mit Reichswehr und Landespolizei an den beiden Feiertagen im Tattersall Noris, Luitpoldhain, veranstaltet, verspricht, die bisherigen Turniere noch zu übertreffen. Nicht weniger als 360 Nennungen mit 120 Pferden werden die Jagdspringen und Dressurprüfungen bestreiten.

Die Radikalisierung der Politik aufgrund der wirtschaftlichen Schwierigkeiten begünstigte den Aufstieg der Nationalsozialisten. Nach der Gleichschaltung 1933 übernahmen sie auch in der Gartenstadt das Kommando – mit verheerenden Auswirkungen für Bewohner und Genossenschaft.

Große Razzia in der Gartenstadt

Verächtlichmachung der Reichsregierung — Tätlichkeiten gegen Nationalsozialisten
77 Versammlungsteilnehmer festgenommen

Der Polizeibericht meldet: Gelegentlich einer Versammlung der Baugenossenschaft Gartenstadt im Saalbau der Gartenstadt am 31. Mai abends sollte der Geschäftsführer der Baugenossenschaft, Schramm, früherer Geschäftsführer des Reichsbanners, wegen beleidigender Äußerungen gegen die Regierung von der Polizei festgenommen werden. Hierbei kam es zu Schlägerei und Tumulten, welche eine polizeiliche Auflösung der Versammlung notwendig machten. 77 Personen wurden festgenommen und zur Polizeidirektion verbracht. Ein größeres Aufgebot der Landespolizei mit Unterstützung von einem Sturmbann nahm noch in der Nacht eine umfassende Waffensuchungsaktion in der Gartenstadt vor.

Durch die abendlichen Straßen der Stadt

jagen die Polizeiautos.

Die Pfeifsignale und gellenden Fanfarenzeichen der Wagen des Ueberfallkommandos machen in den abgelegenen Wohngegenden des Südens eine seltsame Nachtmusik. Beamte der Landespolizei patrouillieren mit Stahlhelm und Karabiner ausgerüstet. Im Scheine der spärlich Licht spendenden Straßenlaternen enthüllen sich dem Beschauer Bilder und Szenen voll betriebsamer Geschäftigkeit. Dann hört man kurze Kommandorufe, eherne Marschschritte und sieht in schattenhaften Umrissen die SA. in einzelnen Stürmen und in kurzer Entfernung vorüberziehen. Trotz der Dunkelheit kann man die Phasen der Absperrmaßnahmen im ganzen Häuserblock verfolgen. Beamte der Landespolizei stehen gestaffelt und verlangen von den Passanten Ausweispapiere.

Ueber den ungeheuerlichen Vorfall selbst, der durch die seit Wochen betriebene

Hetze gewisser linksgerichteter Kreise

heraufbeschworen wurde und daher das Eingreifen der Sicherheitsorgane notwendig machte, erhielten wir den folgenden instruktiven Bericht eines Augenzeugen: „Es ist nicht das erstemal, daß hier in den Versammlungen der Baugenossenschaft im Gesellschaftshaus der Gartenstadt in der unflätigsten Weise über die Maßnahmen der Reichsregierung Kritik geübt wurde. Zu der am gestrigen Abend stattfindenden Versammlung waren ungefähr 150 Personen erschienen, um an der Veranstaltung teilzunehmen. Der Geschäftsführer Schramm hielt ein Referat, in dem er gegen die Regierung hetzte. Schramm setzte seiner Verhaftung aber stärksten Widerstand entgegen.

Schramm versuchte, den Gaupropagandaleiter Holz vom Rednerpult wegzudrängen und tätlich vorzugehen. Ungefähr 10 Minuten lang gab es Schlägereien und Widersetzlichkeiten. Das herbeigerufene Ueberfallkommando nahm dann insgesamt 77 Sistierungen vor. Die Aufwiegler wurden in zwei Omnibusse und einen Lastwagen verladen und unter Bedeckung von Hipo, Lapo und SA zur Polizeidirektion verbracht. Auf den Alarm hin sind mehrere Hundertschaften der Landespolizei mit Stahlhelm und Karabiner ausgerückt, um

eine umfassende Razzia

nach Waffen und anderem Beweismaterial durchzuführen. Die Aktion, die von der Lapo, Hipo und SA gemeinsam durchgeführt wurde, dauerte die ganze Nacht bis in die frühen Morgenstunden an. Ueber das Ergebnis kann noch nichts Endgültiges berichtet werden. Major von Hartlieb von der Landespolizei leitete die Razzia. Die Verletzungen, welche die SA-Leute erlitten haben, haben sich als nicht so schwerwiegend herausgestellt, als man ursprünglich angenommen hatte."

Nach genau 25 Jahren erfolgreichen Wirkens begann für die Gartenstadt mit der Ernennung von Adolf Hitler zum Reichskanzler am 30. Januar 1933 das dunkelste Kapitel ihrer Geschichte. Als „Stadt der Reichsparteitage" wurde Nürnberg zu einem der wichtigsten Orte nationalsozialistischer Propaganda. Viele SPD- und KPD-Mitglieder mussten ihre Wohnungen in der Gartenstadt räumen. Mehr als 50 Gartenstädter wurden in Konzentrationslager verschleppt. Bereits am 22. März 1933 wurde das Konzentrationslager Dachau offiziell eröffnet. Die ersten Transporte aus Nürnberg fanden am 11. Mai statt.

Nur noch Städtebaumodell

Auch die Arbeit der Deutschen Gartenstadtgesellschaft fand 1933 ein jähres Ende. Die Gartenstadtidee wude im Nationalsozialismus zum reinen Städtebaumodell degradiert.

Noch am 5. April 1933 schrieb der damalige Geschäftsführer der Gartenstadt Nürnberg, Andreas Schramm, an den Vorsitzenden des Verbandes bayerischer Baugenossenschaften, Prof. Busching: „Ich kann und will nicht die gleiche Charakterweichheit zeigen, wie man sie leider heute von vielen

Blutige Zusammenstöße in der Gartenstadt

80 Mitglieder der Baugenossenschaft Gartenstadt verhaftet – Große Polizeiaktion / Mehrere Schwerverletzte

Die Wohnungskolonie Nürnberg Gartenstadt war gestern abend Schauplatz schwerer politischer Zusammenstöße, bei denen es auch mehrere Schwer- und einige Leichtverletzte gab.

Der Polizei und der Gauleitung der NSDAP. war mitgeteilt worden, daß der Vorsitzende Schramm der Baugenossenschaft Gartenstadt (der übrigens mit dem erst vor kurzem aus der Schutzhaft in Dachau entlassenen ehemaligen Reichsbannerführer Schramm nicht identisch ist, wie zunächst auch von der Polizei angenommen wurde!) in einer, am gestrigen Abend stattgefundenen Sitzung der Genossenschaft, die von rund 80 Personen besucht war, schwere Beleidigungen gegen die Reichsregierung ausgestoßen habe. Auf diese Meldung hin suchte Gaupropagandaleiter Karl Holz in Begleitung einiger Polizeibeamten und mehrerer SA-Männer die Versammlung in der Gartenstadt auf, um Schramm festzunehmen.

Schramm widersetzte sich jedoch unter Aufbietung all seiner Kraft der Festnahme und griff, als man ihn zu überwältigen versuchte, nach einer Bierflasche, mit der er auf die Beamten und SA-Leute einhieb, bis er überwunden werden konnte. Zugleich entstand eine allgemeine Rauferei, so daß das Ueberfallkommando alarmiert und polizeiliche Verstärkung herbeigerufen wurde. Bei der Schlägerei wurde Schramm so schwer verletzt, daß er ins Krankenhaus eingeliefert werden

der Bierflasche und Karl Holz wurde an der Hand verletzt.

Regierungsrat Dr. Martin, der sofort nach Bekanntwerden des Vorfalls in die Gartenstadt geeilt war, ordnete sofort die entsprechenden Maßnahmen an und leitete eine große Polizei-Aktion ein, die im Laufe der Nacht von 180 Polizisten und 250 SA-Leuten unter Führung von Polizeimajor von Hartlieb durchgeführt wurde und dem Zwecke diente, die Gartenstadt nach Waffen und Munition zu durchsuchen.

Die Aktion, die sich bis in die Morgenstunden hineinzog, verlief recht erfolgreich, da eine Masse Waffen beschlagnahmt werden konnte. Insgesamt fand man: 2 Pistolen, 4 Infanteriegewehre, 7 Kleinkalibergewehre, 5 Jagdgewehre, 1 Pistole 08, 5 Brownings, 1 Leuchtpistole, 1 Zezerol, 9 Trommelrevolver, eine größere Menge Munition, 24 Seitengewehre und Säbel, 4 Dolche und eine Anzahl feststehender Messer.

Von den Teilnehmern an der Versammlung, die gleichgeschaltet werden sollte, bei der sich aber Schramm geweigert hatte, Karl Holz das Wort zu geben, wurden 77 verhaftet und auf die Polizeidirektion verbracht, um dort vernommen zu werden.

Das große Pfingst-Reit- und Spring-Turnier, das der Nürnberger Rennverein zusammen mit Reichswehr und Landespolizei an den beiden Feiertagen im Tattersall Noris, Luitpoldhain, veranstaltet verspricht die bisher...

Die Gleichschaltung funktionierte auch bei der Nürnberger Tagespresse. Sehr tendenziös berichteten die Zeitungen über die Genossenschaftsversammlung am 31. Mai 1933.

unserer ehemaligen Freunde beachten muss."

Am 31. Mai 1933 wurde seiner Standfestigkeit mit brutaler Gewalt begegnet. Während einer Versammlung im Gesellschaftshaus Gartenstadt wurde Andreas Schramm von der SS überfallen, niedergeschlagen und festgenommen. Es kam zu einer Saalschlacht.

In den tendenziösen Berichten der „gleichgeschalteten" Presse wurde dem bisherigen Geschäftsführer der Gartenstadt die alleinige Schuld an den Ausschreitungen in die Schuhe geschoben.

Etwas objektiver liest sich der Bericht des Kriminalbeamten Johann Grau, der den Auftrag hatte, Andreas Schramm auf der Versammlung zu verhaften. Der Bericht wurde im November 1946 verfasst und von Andreas Schramm 1947 bestätigt.

Aushebung einer marxistischen Versammlung in der Gartenstadt

Aufruhr gegen die SA / 77 Marxisten im Polizeigefängnis
Aufwiegelung gegen die Reichsregierung / Der Vorsitzende Schramm wird verhaftet

Der Rädelsführer schwer verletzt

In der letzten Zeit fanden im Genossenschaftshaus in der Gartenstadt am Südfriedhof wiederholt sogenannte „Mitgliederversammlungen" statt. Die Teilnehmer waren fast ausschließlich Mitglieder der SPD. Den Vorsitz hatte ein gewisser Schramm, ein ausgesprochener marxistischer Parteifunktionär. Schramm nützte diese Versammlungen aus, um für den Marxismus und für die SPD-Propaganda zu machen und die Anwesenden gegen die Regierung aufzuhetzen.

Er verhöhnte die nationale Erhebung und die eingesetzten Kommissäre.

Er machte die Regierung verächtlich und machte sich Glossen über sie und ihre Tätigkeit. Dies veranlaßte die politische Polizei zum Einschreiten.

Am Mittwoch, 31. Mai, fand wiederum eine Mitgliederversammlung im kleinen Saal des Genossenschaftshauses statt. Während der Sitzung betrat Landtagsabgeordneter Holz mit der Kriminalpolizei den Saal. Die Beamten hatten den Auftrag, Schramm sofort in Schutzhaft zu nehmen. Auf die Aufforderung, mitzukommen, erklärte Schramm:

„Fällt mir gar nicht ein, ich bleibe hier. Sie haben mir gar nichts zu sagen."

Schließlich wehrte sich Schramm gegen seine Festnahme. Er schlug mit einer Bierflasche auf die SA-Leute ein. Er versuchte Parteigenossen Holz mit einer Bierflasche niederzuschlagen und als SA-Leute hinzusprangen, schlug er auf diese ein. Seinem Beispiel folgten auch die Marxisten, die am Vorstandstisch saßen. Mehrere SA-Leute erhielten Kopfverletzungen. Parteigenosse Holz wurde im Gesicht und an der Hand leicht verletzt.

Der SA-Mann Gries erhielt von Schramm mehrere schwere Schläge mit einer Bierflasche, so daß er erhebliche Verletzungen erlitt.

Die Anwesenden schienen auf diesen Widerstand gewartet zu haben. Sie erhoben sich und stürzten unter Pfuirufen auf die SA-Leute los. Es wurden Biergläser und Bierflaschen geworfen. Nur als die SA-Leute die Menge mit vorgehaltener Pistole in Schach hielten, legte sich der Aufruhr. Schramm wurde von der SA zu Boden geschlagen und schwer verletzt. Er wurde bewußtlos ins Krankenhaus gebracht. Die SA hatte nun den Eingang des Saales besetzt und ließ niemand hinaus. Schramm wurde augenblicklich in Schutzhaft überführt. Alle Anwesenden verhaftet. Bei der Durchsicht der Papiere stellte man fest, daß der frühere Leiter des Arbeitsamtes, der Marxist Zwoska, und der Kreisrat Insberger anwesend waren. Die Landespolizei wurde sofort alarmiert. Sie erschien nach kurzer Zeit und transportierte die Verhafteten (es waren 77 Mann) ins Polizeigefängnis.

Auf der Straße hatten sich gleichzeitig, als oben die Saalschlacht tobte, Marxisten zusammengerottet. Sie wurden von der Landespolizei vertrieben. Die politische Polizei sah sich auf Grund dieser Vorkommnisse veranlaßt, das ganze Stadtviertel der Gartenstadt abzusperren und nach Waffen zu durchsuchen. Gleichzeitig wurde die Wohnung Schramms und das Büro der Gartenbaugenossenschaft besetzt.

Zur Unterstützung der Polizei wurden etwa 800 Mann SA. von der Standarte 1/14 herangezogen.

Bald glich die Gartenstadt einem Heerlager. SA-Leute und Soldaten im Stahlhelm patrouillierten an und ab. Sämtliche Zugangsstraßen waren gesperrt und Durchsuchungskommandos gingen von Haus zu Haus. Um die grauenden Stunden um 4 Uhr, kam der Gauleiter Julius Streicher mit den Parteigenossen Holz und König. Er nahm Rücksprache mit dem Befehlshaber Major von Hartlieb. Das Genossenschaftshaus wurde von der Polizei und der SA. als Lebensquartier und als Kommandostand benützt. Dort trug die SA. die gefundenen Waffen zusammen. Eine große Anzahl Gewehre lag am Boden. Ein Tisch war angehäuft mit Trommelrevolvern und Brownings usw. Mehrere Festnahmen wurden vorgenommen. Am Vormittag rückten die

Der verletzte SA-Mann Hans Gries von der Begleitmannschaft des Gauleiters Streicher.

Wiederholung derartiger Vorkommnisse unmöglich ist.

Die Waffenfunde in der Gartenstadt

Die Durchsuchungen in der Gartenstadt, die sich bis in die Morgenstunden hineinzogen, verliefen recht erfolgreich, da eine Masse Waffen beschlagnahmt werden konnte. Insgesamt fand man: 2 Pistolen, 4 Infanteriegewehre, 7 Kleinkalibergewehre, 5 Jagdgewehre, 1 Pistole 08, 5 Brownings, 1 Leuchtpistole, 1 Zezerol, 9 Trommelrevolver, eine größere Menge Munition, 24 Seitengewehre und Säbel, 4 Dolche und eine Anzahl feststehender Messer.

Helft den SS-Fliegern

An die nationalgesinnte Bevölkerung Nürnbergs richtet der SS-Fliegersturm 1/IX die Bitte, die am Pfingstsonntag und -montag in der Flugwoche in Fürth unter dem Protektorat unseres Frankenführers Julius Streicher stattfindende Straßensammlung tatkräftig zu unterstützen. Die Sammlung ist bestimmt, Sportflugzeuge zu beschaffen, die der flugbegeisterten Jugend Nürnbergs die Möglichkeit bieten sollen, sich flugsportlich zu betätigen.
SS-Fliegersturm 1/IX Nürnberg.

Ehem. 15er Nürnberg.
1. Pfingstfeiertag im Bundesheim Erlenstegen.
2. Pfingstfeiertag zu Kamerad Distler nach schlechtem Wetter im Vereinslokal „Wartburg".

Film-Vorschau
Ufa-Palast.
„Die Himmelsflotte".
Zur Erstaufführung am 2. Juni 1933...

„Am 8. März 1933 wurde ich der Krim.-Abteilung der polit. Abtlg. des Polizeipräsidiums Nürnberg-Fürth zugeteilt. Im Laufe dieses Jahres erhielt ich und Kriminal-Inspektor Englmann eines Tages durch Polizeirat Steigleder den Auftrag, uns am gleichen Tage abends um 7.30 Uhr im Hotel „Deutscher Hof" bei Gauleiter-Stellvertreter Karl Holz zu melden, der uns einen Mann namens Schramm bezeichnen werde, den wir festnehmen und zum Polizeipräsidium verbringen sollten. Als wir am „Deutschen Hof" ankamen, befand sich bereits der Ortsgruppenleiter Rakkelmann bei Holz und beide, die sich in brauner Uniform befanden, fuhren mit uns im Kraftwagen zur Ecke Südfriedhof-Gartenstadt, wo 16 Mann SA, die mit Schlagwaffen ausgerüstet waren, warteten. Holz befahl diese vor den Saalbau der Gartenstadt. Er selbst ging mit R. und uns zwei Kriminalbeamten in die Gaststätte zum 1. Stock, wo eine Siedlerversammlung stattfand. Holz ging in den Saal zum Redner (Schramm) und schrie ihn an: „Abtreten!" Schramm frug zurück, was er von ihm wolle, er kenne ihn nicht. Holz forderte nochmals zum Abtreten auf und da Schramm an seinem Platze verblieb, stieß er ihn mit der Faust an, daß er zur Seite wankte. Schramm ergriff nun seine Wasserflasche und setzte sich damit gegen Holz zur Wehr. Holz verließ dann rasch den Saal. Ich nahm an, daß er jetzt die SA-Leute herbeiholen werde und es eine Schlägerei gebe. Aus diesem Grunde ging ich sofort zu dem mir bis dahin unbekannten Schramm, frug ihn nach seinem Namen und als ich hörte, daß er Schramm heiße, bestand für mich kein Zweifel mehr, daß dies der Mann sei, den wir festnehmen sollten. Ich erklärte Schramm, ich sei von der Polizei, er solle rasch mit uns den Saal durch den rückwärtigen Ausgang verlassen, wozu er auch bereit war, er wollte aber rasch noch seine Habseligkeiten an sich nehmen. Nun kam Holz mit den SA-Leuten in den Saal auf Schramm losgestürmt. Ich stellte mich schützend vor Schramm auf. Sogleich bekam ich drei Schläge mit einem sogenannten Totschläger von einem SA-Mann auf den Kopf, sodaß ich glaubte, es reiße mich jeder Schlag zu Boden. Ich schrie laut, ich sei Polizei und die SA-Leute antworteten, daß ich dann nicht hierher gehen solle. Rackelmann hielt dann seine Arme kurze Zeit über mich und sagte, daß ich Polizeibeamter sei, worauf die SA-Leute von mir abließen. Schramm wurde niedergeschlagen. Holz schlug mit einem Stuhl auf den am Boden liegenden Schramm und die SA-Leute mit ihren Schlagwaffen ein. Ich erfaßte Holz am rechten Arm, hinderte ihn am Zuschlagen, so gut mir das gelang und forderte durch lautes Schreien zur Vernunft sowie Einhalten des Zuschlagens auf, was endlich auch von Erfolg war. Holz tobte jedoch in dem Saale mit Worten in der gehässigsten Weise gegen Schramm und die Versammlungsteilnehmer. Gleichzeitig ließ er die Ausgänge bewachen, daß niemand den Saal verlassen konnte. Kriminal-Inspektor Englmann hatte sich inzwischen entfernt, um der vorgesetzten Dienststelle von dem Vorfall Meldung zu erstatten. Da ich befürchtete, daß die Mißhandlungen an Schramm fortgesetzt werden könnten, so wich ich nicht von dessen Seite, bis nach etwa einer Stunde das Überfallkommando unter Führung des Polizeimeisters Waschinger

Die Aussage des Kriminalbeamten Johann Grau war etwas objektiver als die Zeitungsberichte.

eintraf, mit dessen Hilfe ich dann den Verletzten aus dem Saal in den Sanitätskraftwagen verbrachte. Um Schramm vor weiteren Angriffen zu schützen, begleitete ich denselben selbst bis in das Städt. Krankenhaus, obwohl ich selbst erhebliche Verletzungen erlitten hatte, an deren Auswirkungen ich bis heute noch leide. Ich bin aber auch der festen Überzeugung, daß Schramm im Saale der Gaststätte durch Holz und seine SA-Leute erschlagen worden wäre, wenn ich mich nicht mit meiner ganzen Kraft rücksichtslos für ihn einge- setzt hätte."

Andreas Schramm bestä- tigte dieses Protokoll am 27. Mai 1947: „Obige Angaben entsprechen den Tatsachen. Soweit der Vorgang noch in meiner Erinnerung ist, habe ich den beiden Kriminal- beamten, nachdem sie mir ihren Ausweis vorzeigten, erklärt: „Meine Herren, Sie hätten sich wohl eine passen- dere Gelegenheit aussuchen können, mich zu verhaften, als in dieser Versammlung, die ja polizeilich genehmigt ist."

Noch in derselben Nacht wurden mehrere Wohnungen in der Gartenstadt durch- sucht, verschiedene Waffen

Als Propagandainstrument mißbrauchten die Nationalsozialisten das Mitteilungsblatt „Die Gartenstadt",
mit Hilfe dessen sie versuchten, die Gartenstadt „zu einem Hort des Nationalsozialismus zu machen".

beschlagnahmt und mehrere Bewohner verhaftet. Am 15. Juli wurden die Herren Heß, Richter und Pfadenhauer zu „ordnungsgemäßen" Vorständen gewählt. Sie blieben jedoch nicht lange im Amt, da sie nicht im nationalsozialistischen Sinne arbeiteten.

Widerstand der inzwischen verbotenen Parteien formierte sich dennoch. Im August 1933 flog die von dem Gartenstädter Kommunisten Ludwig Göhring geführte Geheimdruckerei in einer Höhle in der Fränkischen Schweiz auf. Göhring wurde verhaftet, misshandelt und nach Dachau gebracht. Sein

daran auch beteiligter Genosse Oskar Pflaumer starb an den Folgen der Misshandlungen.

Propagandainstrument

Das Mitteilungsblatt „Die Gartenstadt" wurde zu einem wichtigen Propagandainstrument der Nationalsozialisten. Von März 1934 bis Dezember 1939, also bis kurz nach Kriegsbeginn, erschien „Die Gartenstadt" regelmäßig jeden Monat.

Die wichtigsten Artikel stammten von Leonhard Rackelmann, der als Ortsgruppenleiter der NSDAP für die Gartenstadt zuständig

war, vom ersten Vorstand Rudolf Angermeier und vom zweiten Vorstand Oskar Pacher, der dann Ortsgruppen-Propagandaleiter wurde.

Das Logo der Gartenstadt verfremdeten die Nationalsozialisten: statt einer aufgehenden Sonne zeigte ein Hakenkreuz, woher der Wind wehte.

Von Anfang an machten die Autoren deutlich, dass sie „Die Gartenstadt" als Instrument sahen, um die Bewohner der Genossenschaft zu Nationalsozialisten zu „erziehen". So schrieb Ortsgruppenleiter Rackelmann beispielsweise in der ersten

Ausgabe: „Ich erblicke meine erste Aufgabe darin, die Gartenstadt, dieses paradiesisch gelegene Fleckchen einer baugenossenschaftlichen Siedlung, auch in weltanschaulicher Hinsicht zu einem Hort des Nationalsozialismus zu machen."

Es wurde auch jenen offen gedroht, die von ihrer ursprünglichen politischen Überzeugung nicht abweichen wollten: „Auf alle Fälle sei den Hetzern, Miesmachern und Quertreibern gesagt, daß in der Nähe von München noch genügend Platz für derartige Elemente vorhanden ist", hieß es auf Seite zwei der ersten Ausgabe der nationalsozialistischen Zeitung „Die Gartenstadt".

Hetzparolen

Von Anfang an war das Mitteilungsblatt gespickt mit antisemitischen Hetzparolen, wie z.B. „Wer beim Juden kauft, ist ein Volksverräter". Auch die Rolle der Frau als Hausfrau und Mutter wurde immer wieder thematisiert. Bis ins Jahr 1936 hinein wurde das mangelnde Interesse der Gartenstädter an den nationalsozialistischen Propagandaveranstaltungen, den so genannten „Sprechabenden" beklagt.

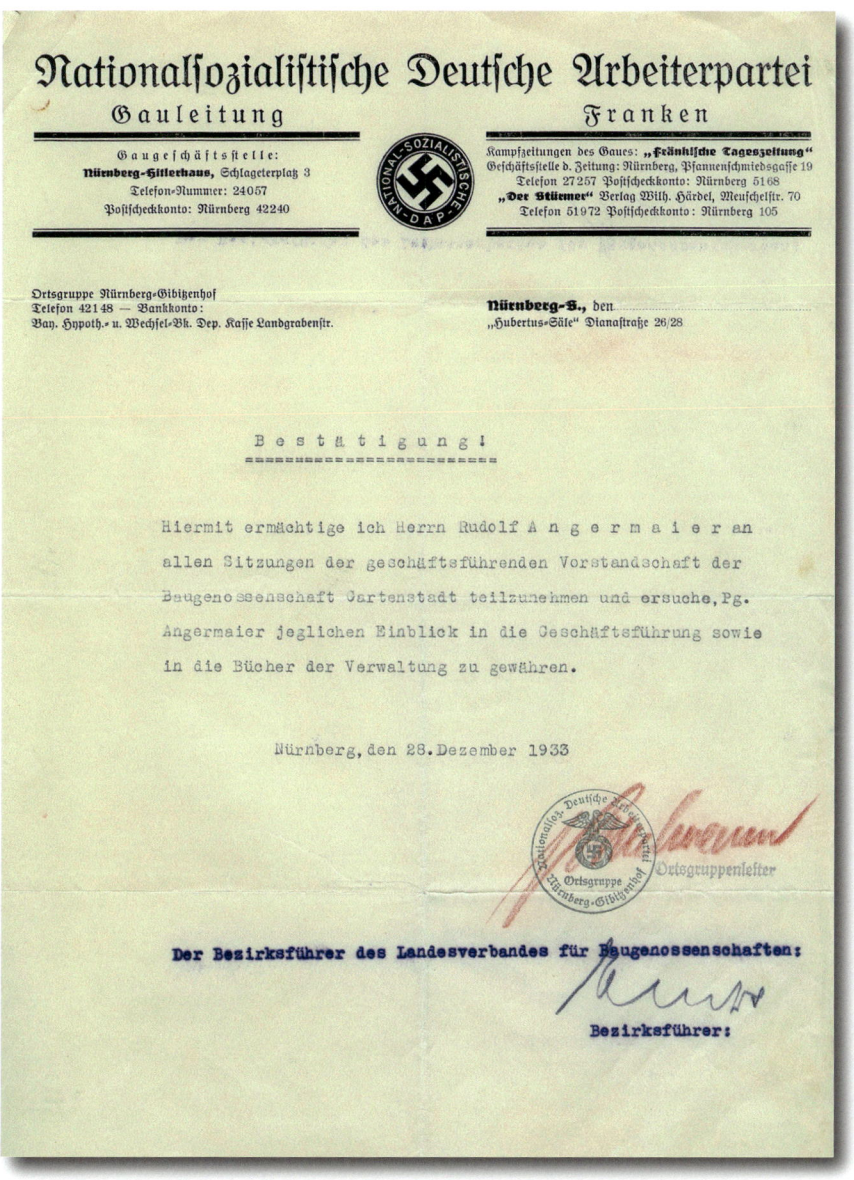

Obwohl Rudolf Angermeier nicht der Genossenschaft angehörte, sollte er künftig an allen wichtigen Entscheidungen des Vorstands mitwirken.

Wer nicht bereit war, sein Haus, z.B. am 1. Mai, zu beflaggen, wurde von der Verwaltung ins Visier genommen. Sogar ein Flugblatt wurde verteilt, um die „undankbaren" Bewohner der Gartenstadt an ihre

Gartenstadt Nürnberg E. G. m. b. H.

An die gesamte Einwohnerschaft der Baugenossenschaft Gartenstadt

Als am vergangenen Samstag der Führer durch seinen heroischen Entschluß dem deutschen Volke seine endgültige Freiheit zurückgab, atmete ganz Deutschland, wie von einem Alpdruck befreit, wieder frei auf. Ungeheuere Begeisterung lag über Deutschlands Gaue ob dieser in der deutschen Geschichte einzig dastehenden Tat. Spontan gab das deutsche Volk dieser Begeisterung durch reichen Flaggenschmuck noch in derselben Stunde sichtbaren Ausdruck.

Bei uns in der Gartenstadt jedoch glaubte man sich beim Anblick mancher Häuser um 3 Jahre zurückversetzt, als man am Sonntag sah, daß einige Familien entweder überhaupt nicht oder nur in „Kalenderblatt-Größe" geflaggt hatten. Es ist geradezu eine Schande, man kann sagen, geradezu ein Faustschlag gegen das Werk des Führers ob dieser festgestellten traurigen Tatsache. Es fehlen uns die Worte, um denen die gebührende Antwort zu geben, die hier eine Handlungsweise an den Tag legten, die an Verwerflichkeit seinesgleichen sucht. Wir glaubten, zu dieser Stunde unsere gesamte Siedlung in einem noch nie gesehenen Flaggenschmuck vorzufinden. Hier hat sich aber wieder einmal gezeigt, wie manche Leute in der Gartenstadt dem Nationalsozialismus gegenüberstehen.

Diese nun aber feststehende Tatsache wird uns Grund genug sein, um mit noch mehr Nachdruck all diesen „Auch-Volksgenossen" zu verstehen zu geben, daß wir an solchen Einwohnern kein Interesse haben. Wer heute noch nicht weiß, was er dem Führer und seiner Bewegung schuldig ist, der ist auch nicht wert, teilzuhaben an einer sozialen Einrichtung, wie unsere Genossenschaft, die ausschließlich vom nationalsozialistischen Staat gefördert und unterstützt wird.

Wir erwarten, daß unsere Freunde sich in Zukunft nicht mehr der Gefahr, als Staatsfeinde angesehen zu werden, dadurch leichtfertig aussetzen, daß sie aus Bequemlichkeit es nicht der Mühe wert finden, an solchen geschichtlichen Tagen die Hakenkreuz-Flagge zu hissen. Unsere Gegner aber ersuchen wir freundlichst und dringend, die Konsequenzen selbst daraus zu ziehen.

Wir werden es uns nicht nehmen lassen, bei nächster Gelegenheit diese Leute etwas genauer anzusehen und ihnen zu verstehen zu geben, daß sie als Staatsfeinde in einer von Nationalsozialisten geführten Baugenossenschaft nichts mehr zu suchen haben.

Heil Hitler!

Die Verwaltung:
gez. R. Angermaier, O. Pacher.

„Staatsfeinden", die an bestimmten Tagen nicht vorschriftsmäßig beflaggten, sagte die nationalsozialistische Verwaltung den Kampf an.

staatsbürgerlichen Pflichten zu erinnern:

„Wer heute noch nicht weiß, was er dem Führer und seiner Bewegung schuldig ist, ist auch nicht wert, teilzuhaben an einer sozialen Einrichtung wie unsere Genossenschaft, die ausschließlich vom nationalsozialistischen Staat gefördert und unterstützt wird. (...) Wir werden es uns nicht nehmen lassen, bei nächster Gelegenheit diese Leute etwas genauer anzusehen und ihnen zu verstehen zu geben, dass sie als Staatsfeinde in einer von Nationalsozialisten geführten Baugenossenschaft nichts mehr zu suchen haben."

„Volksverräter"

In einem Bericht über eine im August 1934 abgehaltene Wahl hieß es in der „Gartenstadt": „Wir werden aus der einstmaligen Marxistenhochburg einmal eine Siedlung schaffen, in der es für jeden Volksgenossen eine Freude sein wird, in derselben zu wohnen. Dass wir mit diesem uns gesteckten Ziele auf dem richtigen Weg sind, zeigt uns am besten der 19. August dieses Jahres. Schaut man zurück, noch vor 19 Monaten, waren es nur 400

Männer und Frauen in der Gartenstadt, die Adolf Hitler ihre Stimme gaben; heute ist es gerade das Gegenteil. 440 Volksverräter sind am 19. August gegenüber nahezu 3000 Ja-Stimmen vorhanden gewesen. Sie werden vorerst noch da sein, sie werden auch weiterhin ihr bescheidenes Dasein führen, in der stillen Verbrecherhoffnung, es könnte doch noch anders werden. Oh, diese Narren!"

Antisemitismus

Beim 7. Reichsparteitag 1935 wurden die „Nürnberger Gesetze" erlassen, die beispielsweise Hochzeiten zwischen Ariern und Juden verboten. Der Terror gegen Juden wurde weiter verstärkt.

Wer in jüdischen Geschäften einkaufte oder sich von jüdischen Ärzten behandeln ließ, wurde gebrandmarkt, wie dies der damalige Vorstand, Rudolf Angermeier, beispielsweise in der Ausgabe vom Juli 1935 tat: „Die größte Gewissenlosigkeit ist es aber, wenn man wohl nicht über den Juden schimpft, aber sich durch den Besuch der Sprechabende den Anschein gibt, als wenn man mit dem Juden nichts zu tun haben wollte

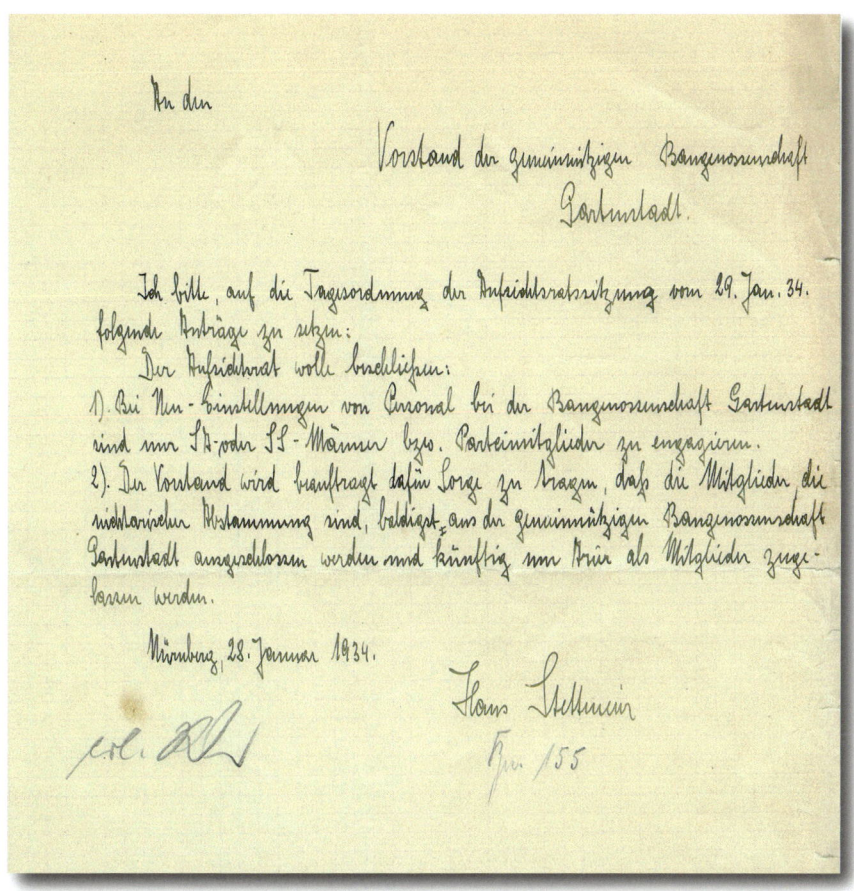

Nicht nur, dass jener Antragsteller ein besonders eifriger Nationalsozialist war. Er nutzte seinen Einfluss, um sich persönlich zu bereichern.

und dann doch den Judenarzt holt. Eine weit größere Gemeinheit ist es aber, wenn man, wie im Falle Kormann, Paumannstr. 85, auch noch Hauswart der Bewegung und damit Träger eines hohen Ehrenamtes ist. Er möchte sein gewissenloses Handeln damit entschuldigen, dass er diesen Judenarzt schon seit vielen Jahren für seine Familie hat und dass dieser nichts

für seine Besuche verlange und ihm sogar die Heilmittel umsonst besorge." Kormann wurde seines Amtes als Hauswart enthoben.

„Auffassung des Volkes"

In der gleichen Ausgabe des Mitteilungsblattes berichtete Oskar Pacher ausführlich über den Prozess „Schramm gegen Garten-

NÜRNBERGER NACHRICHTEN
22.12.48 (28.12.48)

Er sollte die Gartenstadt ‚umschulen'

Als Ortsgruppenleiter von Gibitzenhof drückte sich der 30er Parteigenosse Leonhard Rackelmann, Gauredner, ab 1937 NSV-Gauamtsleiter, nicht immer so gewählt aus wie er bei seiner Spruchkammerverhandlung. Im Gegenteil, er titulierte Zeugen höchst unfein mit: „Alter Lump, roter Spitzbube, schwarze Bande" usf. Mit Schimpfreden und Drohungen versuchte er NSV-Spenden zu erzwingen. „Wenn Sie nicht Hitler wählen, können Sie sich Ihr eigenes Grab schaufeln" äußerte er ein anderes Mal. Die „Umschulung" der „roten Gartenstadt" war ein vom Gauleiter speziell erteilter Auftrag, den R. nach besten Kräften erfüllte. Die auf ungeklärte Weise ermittelten Nein-Sager der Wahlen 1936 wurden zur Ortsgruppe bestellt, von R. angefaucht und größtenteils aus ihren Wohnungen geworfen. Ansonsten amtierte er auch als Wanderprediger der Deutschen Christen bis 1940 urplötzlich seine Freundschaft mit der NSDAP kündigte und anfangs 1944 sogar aus persönlichen Gründen ins KZ wanderte. Leider hatte auch sein Gedächtnis zum mindesten teilweise erheblich gelitten, so daß er sich an ihm unangenehme Einzelheiten nicht mehr richtig erinnern konnte. Die Hauptkammer Nürnberg I stufte R.

als Aktivist ein. 4 Jahre Arbeitslager unter Anrechnung der 3jährigen Internierung, 300 DM Beitrag zur Wiedergutmachung und alle weiteren obligatorischen Sühnemaßnahmen. Sm

Nach dem Krieg wurden die Parteimitglieder zur Verantwortung gezogen. Leonhard Rackelmann, Ortsgruppenführer der NSDAP in der Gartenstadt, erhielt als „Aktivist" vier Jahre Arbeitslager, wie dieser Zeitungsausschnitt von Dezember 1948 belegt.

stadt". Der ehemalige Geschäftsführer der Genossenschaft ging bis vor das Reichsgericht in Leipzig, um seine Rentenansprüche gegenüber seinem früheren Arbeitgeber einzuklagen.

Doch auch in höchster Instanz wurde seine Klage abgewiesen. Der Grund dafür war nicht etwa in Gesetzbüchern verankert, sondern der Willkür des Richters zu verdanken, wie Pacher in seinem Kommentar durchblicken ließ: „Ein deutsches Gericht hat einen Urteilsspruch gefällt, wie er im heutigen nationalsozialistischen Reich seine Grundlage in der Auffassung des Volkes hat."

Persönliche Bereicherung

Besonders eifrige Parteimitglieder stellten Anträge über Anträge an Vorstand und Aufsichtsrat, um die Umgestaltung der Gartenstadt in eine nationalsozialistische Einrichtung möglichst schnell voranzutreiben.

Dass ausgerechnet diese Personen versuchten, sich persönlich zu bereichern, wie im Falle des Aufsichtsratsmitglieds Hans Stettmeier, ist nicht besonders überraschend. Die Genossenschaft verkaufte Stettmeier völlig entgegen der üblichen Gepflogenheiten ein Grundstück an der Saarbrückener Straße, das dieser jedoch 1949 wieder an die Genossenschaft zurückgeben musste.

„Staatsfeinde" ausgeschlossen

Im September 1935 kündigte die Verwaltung an, als erste Genossenschaft eine Tafel aufzustellen: „Juden betreten die Gartenstadt auf eigene Gefahr". Im gleichen Jahr wurde eine Satzungsänderung beschlossen, wonach ein Mitglied ausgeschlossen werden konnte, wenn es „staatsfeindliche" Gesinnung an den Tag legte.

Davon wurde reger Gebrauch gemacht. 1936 wurden Mitglieder aus der Genossenschaft ausgeschlossen und ihres Wohnrechtes beraubt, weil sie bei der Volksabstimmung mit „Nein" gestimmt oder sich der Stimme enthalten haben sollen.

Mutige Mitglieder, die sich dagegen zu wehren versuchten, mussten feststellen, dass ihre Klage vom Landgericht Nürnberg abgelehnt wurde. Die Schikanen gingen teilweise so weit, dass manche Mitglieder Erlösung im Freitod suchten.

Ausverkauf von Eigentum

In späteren Jahren schädigte die NS-Verwaltung die Genossenschaft nachhaltig und dauerhaft, indem sie Teile des wertvollen Geländes der Gartenstadt verkaufte

Blick von der Pachelbelstraße zur Paumannstraße/Ecke An der Schwarzlach. Die Häuser wurden 1938 als letzte Wohnbauten vor dem Krieg errichtet.

oder die Zustimmung zur Errichtung von so genannten Behelfsheimen gab. Außerdem gab sie das Vorkaufsrecht für das anschließende Gelände zu Gunsten der Reichsbahn und der Siemens-Schuckert-Werke preis.

An baulichen Leistungen hatten die Nationalsozialisten dagegen nicht viel vorzuweisen. Ende Juli 1933 wurde mit dem Bau von sechs Mehrfamilienhäusern an der Pachelbelstraße begonnen und am 1. Dezember 1933 konnten diese Häuser mit 24 Zweizimmerwohnungen bezogen werden.

Staatsdarlehen blieben aus, so dass keine weiteren Bau-

vorhaben durchgeführt werden konnten.

Von 1935 bis 1938 entstanden in der Pachelbel-, Paumann- und Saarbrückener Straße insgesamt 173 Wohnungen in Ein- und Mehrfamilienhäusern sowie vier Läden.

Volksempfänger

Die 1938 erbauten Wohnungen an der Kreuzung Paumannstraße/An der Schwarzlach hatten zwar nicht mehr alle einen Garten, wie dies eigentlich der Tradition der Gartenstadt entsprochen hätte. Dafür verfügten sie erstmals über eine Gemeinschaftsantennenanlage mit Steckdosenanschluss

in jeder Wohnung. Dieser sollte sicherstellen, dass die NS-Propaganda mittels Volksempfänger jederzeit zu empfangen war.

Ende 1939 mussten sämtliche Vorarbeiten für Bauprojekte abgebrochen werden, weil eine gesetzliche Bausperre jede Bautätigkeit für nicht heereswichtige Gebäude untersagte.

Bis Ende 1939 befanden sich 1.012 Häuser mit 1.349 Wohnungen im Besitz der Gartenstadt, davon 908 Wohnungen in Einfamilienhäusern, sechs Wohnungen in Zweifamilienhäusern und 435 Wohnungen in Mehrfamilienhäusern.

Die Werkstatt der Genossenschaft
Instandhaltung des Wohnungsbestandes

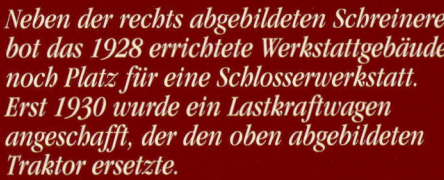

Neben der rechts abgebildeten Schreinerei bot das 1928 errichtete Werkstattgebäude noch Platz für eine Schlosserwerkstatt. Erst 1930 wurde ein Lastkraftwagen angeschafft, der den oben abgebildeten Traktor ersetzte.

Bereits 1911 wurden für die Neubauten Regiearbeiten vom Reparaturbetrieb der Genossenschaft ausgeführt. Hauptaufgabe war die Instandhaltung des vorhandenen Wohnungsbestands. 1927 legte Architekt Lehr einen Plan für ein Werkstattgebäude vor, der je eine Werkstatt für die Schreiner und Schlosser, einen Aufenthaltsraum und im Dachgeschoss eine Wohnung für die Aufsichtsperson vorsah.

Am 1. März 1928 wurde die Werkstatt eingeweiht. Damals waren 41 Arbeiter mit je 47 Stunden im Reparaturbetrieb beschäftigt. Ausgeführt wurden Schreiner-, Hafner-, Plattenbelag- und Fußbodenarbeiten, hinzu kamen Aufgaben bei der Installation von Gas, Wasser, Strom sowie der erstmalige Anstrich der Häuser.

In der Arbeitsordnung von 1928 waren Arbeitszeiten, Urlaubsregelungen, Lohnzahlung und Entlassung geregelt. So konnte beispielsweise das Arbeitsverhältnis von beiden Seiten „zu jeder Stunde" gelöst werden. Nach einer Beschäftigungsdauer von vier Monaten im Kalenderjahr bestand ein Anspruch auf vier Tage Urlaub. Während diesem durfte der Arbeiter jedoch keinesfalls „eine anderweitige Beschäftigung gegen Entgelt annehmen". Ebenso war das Rauchen im Betriebsbereich und der „Genuß geistiger Getränke" während der Arbeitszeit verboten.

1934 wurde zusätzlich festgelegt, dass bei Neueinstellungen nur Mitglieder der SA, der SS oder der Partei berücksichtigt werden. Außerdem musste der Bewerber die nationalsozialistische Weltanschauung und Wirtschaftsauffassung teilen und angeben, ob er arischer Abstammung ist.

Zweiter Weltkrieg

Fast die Hälfte der Gartenstadt wurde zerstört

Tiefe Wunden hinterließ der Zweite Weltkrieg in der Gartenstadt. Durch die Nähe zum Rangierbahnhof landeten viele Brand- und Sprengbomben inmitten der Genossenschaft und richteten großen Schaden an.

Die Häuser Finkenbrunn 43 und Pachelbelstr. 68a wurden bei dem schweren Bombenangriff im März 1943 zerstört.

Luftschutzübungen

Mit dem Angriff der Deutschen Wehrmacht auf Polen am 1. September 1939 begann der Zweite Weltkrieg. Doch schon lange vorher wurden in der Gartenstadt wie im übrigen Reichsgebiet Vorbereitungen getroffen: Es wurden Luftschutzkurse angeboten und Luftschutzübungen abgehalten. Die nationalsozialistische Propa-

ganda stimmte die Bevölkerung auf den bevorstehenden Krieg ein.

Im Zweiten Weltkrieg war Nürnberg eines der bevorzugten Ziele alliierter Luftangriffe. Am 2. Januar 1945 wurden 80 Prozent der Nürnberger Altstadt zerstört. Auch die Gartenstadt wurde – vor allem durch die Nähe zum Rangierbahnhof – schwer in Mitleidenschaft gezogen. Bei

Kriegsende waren 195 Einfamilienhäuser und 104 Wohnungen in Mehrfamilienhäusern unbewohnbar sowie sämtliche bewohnbaren Wohnungen leichter oder schwerer beschädigt.

Schwerer Angriff 1943

Während die Gartenstadt die ersten beiden Kriegsjahre noch relativ unbeschadet überstand, wurde die Genossenschaft bei einem Bom-

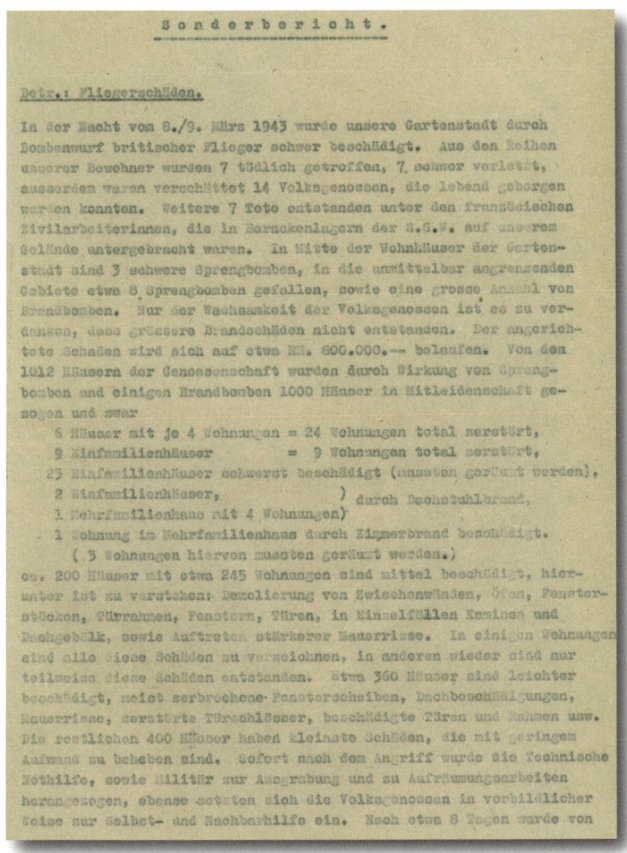
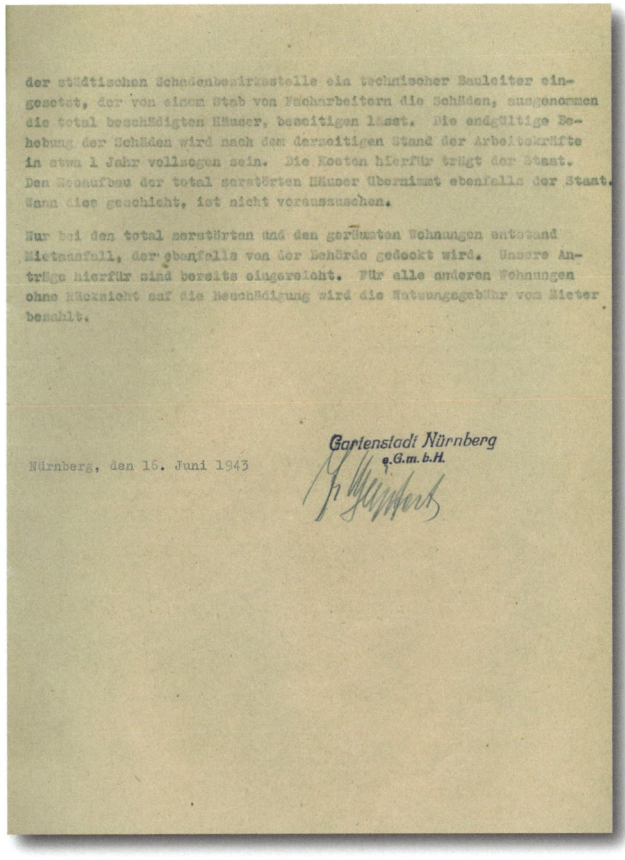

Sonderbericht über die Fliegerschäden vom März 1943.

benangriff am 8./9. März 1943 schwer getroffen. Ein „vertraulicher Sonderbericht" gibt darüber Auskunft:

„In der Nacht vom 8./9. März 1943 wurde unsere Gartenstadt durch Bombenwurf britischer Flieger schwer beschädigt. Aus den Reihen unserer Bewohner wurden 7 tödlich getroffen, 7 schwer verletzt, ausserdem waren verschüttet 14 Volksgenossen, die lebend geborgen werden konnten. Weitere 7 Tote entstanden unter den französischen Zivilarbeiterinnen, die in Barackenlagern der S.S.W. auf unserem Gelände untergebracht waren.

In Mitten der Wohnhäuser der Gartenstadt sind 3 schwere Sprengbomben, in die unmittelbar angrenzenden Gebiete etwa 8 Sprengbomben gefallen, sowie eine grosse Anzahl von Brandbomben. Nur der Wachsamkeit der Volksgenossen ist es zu verdanken, dass grössere Brandschäden nicht entstanden. Der angerichtete Schaden wird sich auf etwa RM. 800.000.-- belaufen. Von den 1012 Häusern der Genossenschaft wurden durch Wirkung von Sprengbomben und einigen Brandbomben 1.000 Häuser in Mitleidenschaft gezogen und zwar

Am 19. Oktober 1944 wurden die Häuser am Heckenweg 19-31 zerstört.

6 Häuser mit je 4 Wohnungen = 24 Wohnungen total zerstört,
9 Einfamilienhäuser =
9 Wohnungen total zerstört,
25 Einfamilienhäuser schwerst beschädigt (mussten geräumt werden),
2 Einfamilienhäuser,
1 Mehrfamilienhaus mit 4 Wohnungen durch Dachstuhlbrand,
1 Wohnung im Mehrfamilienhaus durch Zimmer-brand beschädigt. (3 Wohnungen hiervon mussten geräumt werden.)

ca. 200 Häuser mit etwa 245 Wohnungen sind mittel beschädigt, hierunter ist zu verstehen: Demolierung von Zwischenwänden, Öfen, Fensterstöcken, Türrahmen, Fenstern, Türen, in Einzelfällen Kaminen und Dachgebälk sowie Auftreten stärkerer Mauerrisse. In einigen Wohnungen sind alle diese Schäden zu verzeichnen, in anderen wieder sind nur teilweise diese Schäden entstanden. Etwa 360 Häuser sind leichter beschädigt, meist zerbrochene Fensterscheiben, Dachbeschädigungen, Mauerrisse, zerstörte Türschlösser, beschädigte Türen und Rahmen usw. Die restlichen 400 Häuser haben kleinste Schäden, die mit geringem Aufwand zu behe-

Weitere Opfer der Bomben: Finkenbrunn 36 (Gaststätte mit Kegelbahn) und Heckenweg 19-23.

Ebenfalls am 19. Oktober 1944 wurden die Häuser Regenbogenstraße 158-168 zerstört.

Buchenschlag 35- 41, zerstört am 21. Februar 1945.

ben sind. Sofort nach dem Angriff wurde die technische Nothilfe, sowie Militär zur Ausgrabung und zu Aufräumungsarbeiten herangezogen, ebenso setzten sich die Volksgenossen in vorbildlicher Weise zur Selbst- und Nachbarschaftshilfe ein. Nach etwa 8 Tagen wurde von der städtischen Schadenbezirksstelle ein technischer Bauleiter eingesetzt, der von einem Stab von Facharbei-

tern die Schäden, ausgenommen die total beschädigten Häuser, beseitigen lässt. Die endgültige Behebung der Schäden wird nach dem derzeitigen Stand der Arbeitskräfte in etwa 1 Jahr vollzogen sein. Die Kosten hierfür trägt der Staat. Den Neuaufbau der total zerstörten Häuser übernimmt ebenfalls der Staat. Wann dies geschieht, ist nicht vorauszusehen.

Nur bei den total zerstörten und den geräumten Wohnungen entstand Mietausfall, der ebenfalls von der Behörde gedeckt wird. Unsere Anträge hierfür sind bereits eingereicht. Für alle anderen Wohnungen ohne Rücksicht auf die Beschädigung wird die Nutzungsgebühr vom Mieter bezahlt.

Nürnberg, den 16. Juni 1943"

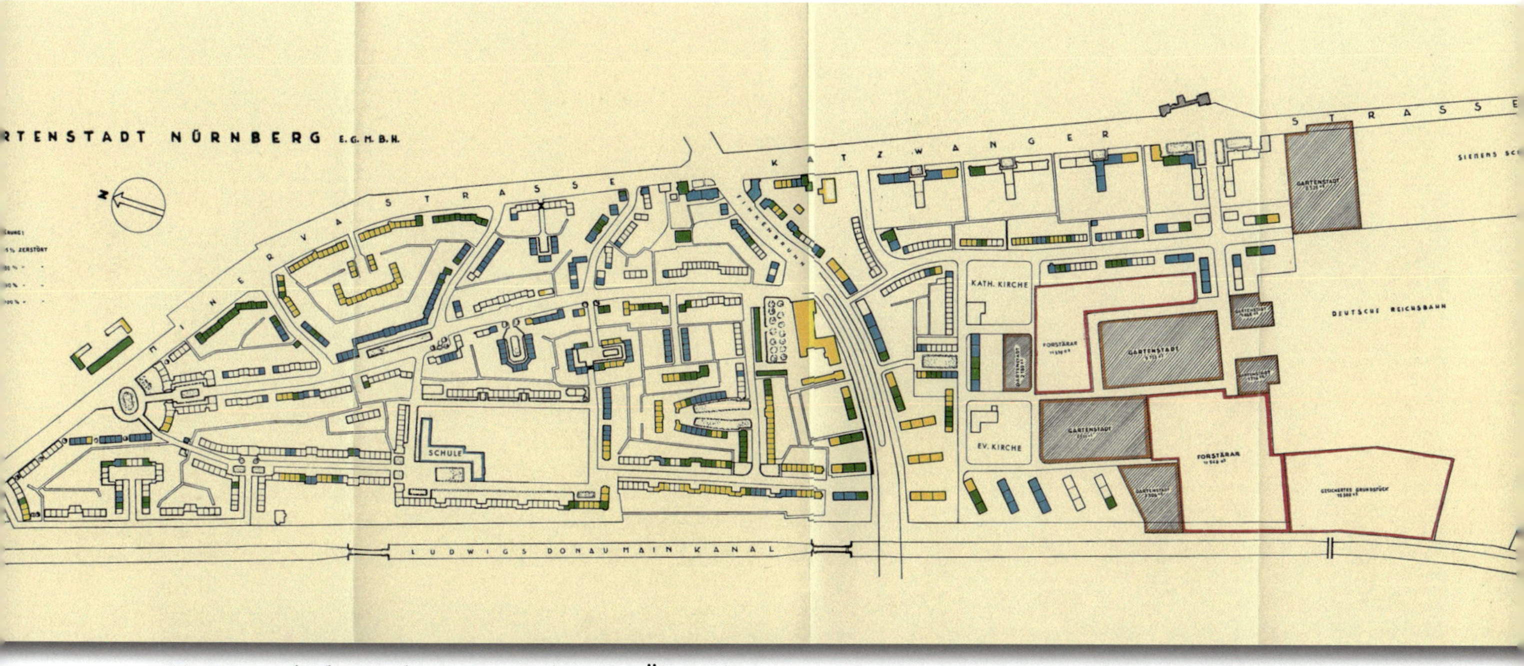

Die Kriegsschäden in der Gartenstadt in der Übersicht.

Von den Häusern Finkenbrunn 59-63 blieb nicht viel übrig.

77

Finkenbrunn 47, Regenbogenstr. 34-38, die Werkstatt und das Gesellschaftshaus (im Uhrzeigersinn) wurden auch zerstört.

„Dicke Luft" im Keller
Kriegserlebnisse von Bewohnern der Gartenstadt

Was der Krieg für die Bewohner der Gartenstadt bedeutete, macht ein Bericht von Katharina Schmidt deutlich, die im Buchenschlag 157 wohnte, dem „Haus am Rhododendronbusch":

„Es war schon eine Umstellung, diese Kriegsjahre! Die Lebensmittel wurden rationiert. Es gab alles nur noch auf zugeteilte Lebensmittelmarken. Dann begannen die Bombenangriffe. Die Fensterläden wurden mit schwarzer Pappe verdunkelt. Es durfte kein Lichtschein bei Nacht nach außen dringen. Unser größter Kellerraum wurde der Luftschutzraum. Er wurde mit dicken, runden Holzbalken abgestützt. Von den Nachbarwohnungen links und rechts wurden Durchbrüche zum Luftschutzraum geschlagen. Bei Fliegeralarm rannten wir alle in den Keller und die Nachbarn kamen auch dazu. Man saß auf Kisten und Stühlen. Wasser- und Sandeimer standen herum. Sirenen kündigten den Fliegeralarm an und gaben auch wieder Entwarnung, wenn alles vorüber war. Oft (...) mussten wir des Nachts mit den Kindern in den Keller. Die Federbetten wollten wir immer retten. Sie wurden mit den Betttüchern gebunden und die beiden Treppen bis in den Keller heruntergerollt. (...) Alle hatten wir sehr Angst in den Bombennächten und bei den älteren Damen von nebenan ging öfters mal was in die Hose. Es war dann immer sehr „dicke Luft" im Keller und die anderen Nachbarn schimpften.

Nach der Entwarnung machte man immer einen Kontrollgang durch das Haus. Man musste nachsehen, ob nichts reingeflogen war. Ein-

Das „Haus am Rhododendronbusch"

mal fand ich auf dem Dachboden eine Stabbrandbombe. In meinem Schreck packte ich sie mit bloßen Händen und warf sie zum Dachbodenfenster hinaus in den Garten. Ein anderes Mal steckte eine Brandbombe auch oben in Kaminnähe im Boden. Es schwelte ziemlich. Ich löschte mit Wasser und Sand. Die gefüllten Eimer standen auf dem Dachboden. Der eine Nachbar, der nicht eingezogen war, brachte immer ein Radio mit in den Keller. Bei der wahnsinnigen Kriegspropaganda platzte mir einmal der Kragen und ich sagte: „Soll sich doch der Goebbels einmal in unseren primitiven Luftschutzkeller Nacht für Nacht setzen, dann schreit er bestimmt nicht mehr für den totalen Krieg!" Die Nachbarn meinten: „Um Gottes Willen, Frau Schmidt, sind Sie ruhig. Sie werden sonst noch ins KZ abgeholt!" Als es auf das Kriegsende zuging, sollten die Haushalte auch noch warme Sachen und Gebrauchsgegenstände für die Front spenden. Die linken Nachbarn, die Nazis waren, fragten mich: „Frau Schmidt, haben Sie schon ihre Skier abgegeben, wie verlangt wird?" Ich konterte sofort: „Und Sie, haben Sie auch ihren warmen Pelzmantel hergegeben?" Danach fragten sie nichts mehr in dieser Hinsicht.

Nach den Angriffen machten sich die Kinder ein Vergnügen, durch die Gängla und Gärten und Straßen zu streifen, um Bombensplitter zu suchen. Die größten, zackigsten und die mit gelbem Rand vom Schwefel, waren die gefragtesten und es wurde verschachert und getauscht. Nach Abschluss der Bombardierungen habe ich klammheimlich einen nach dem anderen von den dicken Stütz-Holzbalken aus dem Luftschutzkeller verschürt. Alles war Mangelware und mit meiner großen Tochter zusammen habe ich das Holz so leise wie nur möglich zersägt und in Stücke gehackt."

Aus: Die Gartenstadt Nürnberg. Geschichte und Geschichten. Teil 2.

Von einem Ort der Stille zu einem Ort des Grauens

Therese Ehle, Jahrgang 1936:

Wir wohnten am Südfriedhof im Verwaltungsgebäude. Von Küche und Kinderzimmer aus konnte man auf die Gräber sehen. Anfangs war das eine stille Stätte, später ein Ort des Grauens. Die ersten Bombenopfer wurden von den Nazis in einer regelrechten Beisetzungsschau mit Wagners „Götterdämmerung" quasi im Heldenhain beerdigt. Als die Toten immer mehr wurden, gab es nicht einmal genügend Särge. Die Leichen wurden in Packpapier gewickelt und im Freien aufgestapelt. Wir hatten die Verwesungsgerüche im Sommer im ganzen Haus, das werde ich nie vergessen. In den letzten Kriegsmonaten waren es allein schon 2.000 Tote, die zum Teil in Wannen gebracht und in Massengräbern verscharrt wurden. Mein Vater – er war damals 50, sah aber aus wie 70 – schürte riesige Feuer, damit die Erde auftaute und überhaupt aufgegraben werden konnte. Die Gruben mussten russische Gefangene ausheben. Die Gefangenen wurden auf Holzkarren zusammen mit den Toten zur Arbeit gebracht, insgesamt 6.000 Tote über die Jahre.

Meine Oma schleuste über den rückwärtigen Ausgang unseres Hauses regelmäßig Gefangene auf den Dachboden und gab ihnen Kartoffeln und eingemachte Gurken zu essen. Wenn das aufgeflogen wäre, wäre sie im KZ gelandet. Meine Mutter leistete Kriegsdienst in einer Schraubenfabrik in der Stadt. Einmal blieb sie daheim, weil wir unser Dach decken mussten. An dem Tag wurde die Fabrik zerstört und alle Kolleginnen meiner Mutter kamen um. Das muss eine Fügung gewesen sein.

Nach dem Krieg gingen die Leute durch den Friedhof zum Rangierbahnhof, dort gab es alles. Mein Vater ging nicht hin, obwohl ihn meine Mutter dauernd drängte. Eines Tages hatte er irgendwoher Ölsardinen bekommen. Die Wirkung war durchschlagend. Später hat er mal einen Karton Fensterglas angebracht. Wir waren die ersten, die in der Siedlung wieder Fenster hatten. Meine Mutter hat gelästert: „Jetzt kannst hungrig aus deine Fenster schauen."

Aus: Nürnberger Anzeiger vom 6.12.1995.

Große Leistung

Mit viel Idealismus bauten die Gartenstädter ihren Stadtteil wieder auf

„Vorbei sind die langen Tage und Nächte tiefster Beklemmung während des Bombenhagels.

Behoben sind die durch den zweiten Weltkrieg verursachten Zerstörungen in unserer Gartenstadt.

Bleiben soll die Erinnerung an die grosse Leistung des Wiederaufbaus von 1945-1953."

Inschrift der Brunnensäule

Selbsthilfe war nach dem Krieg gefragter denn je. Hier an der Katzwanger Str. 246, jetzt Julius-Loßmann-Str. 94.

Wiederaufbau der Werkstatt. Von links: Krivy, Buck, Schramm, Kistner, Kernstock, Beck

„So können wir abschließend von der Epoche des 3. Reiches sagen: „Blut und Tränen ihre Saat, Ihr Wirken war nur Missetat." Diese Bilanz zog der Vorstand 1946 in einem Rückblick auf das Dritte Reich im ersten Geschäftsbericht nach Beendigung des Zweiten Weltkriegs.

Neue Verwaltung

Bei Kriegsende waren 195 Einfamilienhäuser und 104 Wohnungen in Mehrfamilienhäusern unbewohnbar sowie sämtliche bewohnbaren Wohnungen leichter oder schwerer beschädigt.

Im Mai 1945 mussten die NS-Organe aus der Genossenschaft ausscheiden. Die neue Verwaltung berief den altbewährten, 1933 nur der brutalen Gewalt gewichenen Genossen Andreas Schramm wieder in den geschäftsführenden Vorstand.

Mit der Entschließung des bayerischen Arbeitsministeriums vom 22. März 1946 wurde die neue Verwaltung bestätigt.

Wiedergutmachung

Die schwer belasteten Nationalsozialisten und Aktivisten mussten ihre Wohnungen räumen. Die frei gewordenen Wohnungen wurden Genossen übergeben, die Wiedergutmachungsansprüche wegen politischer oder rassischer Verfolgung gestellt hatten.

Sämtliche Wohnungen in der Gartenstadt waren nach Kriegsende überbelegt. „Die Gesuche um Wohnungszuweisung und um Unterkunft in der Genossenschaft nehmen ein unvorstellbares Ausmaß an", berichtete der Vorstand 1946.

Da es sowohl an Arbeitskräften wie auch an Material fehlte, konnten die Wünsche

Trümmerfrauen und -männer versuchen zu retten, was noch zu retten ist am Heckenhof 21-27

Die ersten Grundsteine für den Wiederaufbau am Finkenbrunn 53-57 sind gelegt.

Minervastraße/Ecke Julius-Loßann-Straße um 1958 ...

... und fünf Jahre später.

Wiederaufbau der Pachelbelstr. 62-68a.

auf Beseitigung der kleinen und großen Schäden nur nach und nach erfüllt werden.

Bereits im Laufe des Jahres 1945 wurden 25 Wohnungen von der Genossenschaft in eigener Regie wieder hergestellt und bewohnbar gemacht. Weitere 25 Wohnungen wurden unter Mithilfe der Mieter instand gesetzt und 66 Wohnungen in Eigeninitiative der Mieter.

Eigeninitiative

Die gegenseitige Hilfeleistung bei der Behebung der Kriegsschäden war bewundernswert. Dagegen schien das Baugewerbe lukrativere Aufträge zu haben. „Der gewerbliche Mittelstand, der seit dem Jahr 1910 bei der Gartenstadt Nürnberg ein ausgezeichnetes Tätigkeitsfeld hatte und gerne die Bauaufträge unserer Genossen-

schaft entgegennahm, hat uns bei dem Wiederaufbau in dieser Notzeit völlig im Stich gelassen", beklagte der Vorstand der Gartenstadt.

Dank der großen Eigeninitiative der Mitglieder konnten 1946 insgesamt 316 und 1947 sogar 363 Wohnungen wieder hergestellt werden. Ein großer Teil davon unter Mithilfe der Mieter. Bis Ende 1947 waren

An der Schwarzlach 15-17.

Minervastr. 86 und 88 (im Hintergrund Sonnenplatz 23-24).

Minervastraße 80-92, wieder aufgebaut 1949-1952

795 Wohnungen wieder instand gesetzt. 22,8 Prozent des gesamten Bestandes waren jedoch immer noch beschädigt oder zerstört.

Am 20. Juni 1948 wurde mit dem Gesetz Nr. 61 der Militärregierung die Neuordnung des Geldwesens verkündet. „Zwischen den Narben des Krieges zeichnet sich das alte Gesicht unserer einst so schönen Gartenstadt wieder ab", freute sich der Vorstand der Gartenstadt in seinem Bericht zur Reichsmark-Schlussbilanz.

1950 waren noch 72 Wohnungen total zerstört. Davon wurden 31 Wohnungen inzwischen neu gebaut, der Fehlbestand betrug also „nur" noch 41 Wohneinheiten.

Im Frühjahr 1951 entschlossen sich Vorstand und Aufsichtsrat, mit dem Wiederaufbau des Gesellschaftshauses zu beginnen. Da der Wohnungsbau noch immer absolu-ten Vorrang hatte, waren Hypotheken dafür nicht zu bekommen. Es musste von einem langsamen Baufortschritt ausgegangen werden.

„Eingemeindung"

„Gartenstadt ist endlich wieder 'eingemeindet'". Mit dieser Überschrift berichteten die Nürnberger Nachrichten am 2. Juli 1951 über die Einweihung der Katzwanger Brücke am Vortag. Für die Gartenstädter war

Mit wehenden Fahnen und grünen Girlanden wurde die Katzwanger Brücke gestern dem Verkehr übergeben

Gartenstadt ist endlich wieder „eingemeindet"

Bürgermeister Loßmann durchschnitt das Band – Modernste Baumethoden wurden angewandt – Eine blumengeschmückte „8 er" machte den Anfang – Tausende von Nürnbergern waren dabei – Brückenkonstruktion wurde vollendet, ohne den Rangierbetrieb zu unterbrechen

Auf diesen Augenblick hatten sechs Jahre lang viele tausende Nürnberger gewartet: die Katzwanger Brücke wurde gestern mittag wieder dem Verkehr übergeben.

Tausende wohnten auf beiden Seiten der mit Fahnen und Girlanden geschmückten Brücke dem feierlichen Augenblick bei, als nach der Freigabe der in imponierender Konstruktion über das Gleisgewirr sich wölbenden Brücke die ersten Straßenbahnwagen in beiden Richtungen über die Fahrbahn rollten und gleich darauf der Autoverkehr einsetzte.

Die Gartenstadt weiß was es bedeutet: 6 Jahre war diese Schlagader durchschnitten, und nur auf Nebenwegen mit Umsteigen und anderen Hindernissen die Verbindung des blühenden Vororts mit der Stadt möglich. Jetzt kann der Strom wieder ungehindert pulsieren. Dies bedeutet für viele morgens eine halbe Stunde Schlaf mehr, und abends ein früheres Heimkommen.

Kein Wunder daher, daß die Tausende es gestern wie ein Fest feierten: eine Kapelle der Städtischen Straßenbahn spielte. Mit bunten Blumen war der Straßen-

bahnwagen geschmückt, der jenseits der Brücke wartete. Ehrengäste der Stadt und der Bundesbahn, der Behörden und Organisationen waren zugegen.

Bevor Bürgermeister Loßmann das Band zerschnitt und an der Spitze der Ehrengäste und der Menge als erster die Brücke überschritt, sprach er den Wunsch aus: „Möge uns ein gütiges Geschick davor bewahren, daß jemals wieder eine Wahnsinnstat diese Brücke zerstört." Der Präsident der Eisenbahndirektion Nürnberg, Dr. Fischl, feierte ebenso wie der Bürgermeister das Gelingen des Werkes, bei dem Stadt und Bundesbahn eng zusammenarbeiteten. Pfarrer Pröschel der evangelischen Gemeinde St. Paul, und Dekan Eichhorn vom katholischen Dekanat erteilten die kirchliche Weihe. Der Richtspruch fehlte auch nicht, und als so die Brücke ihrer Bestimmung übergeben war, gab der helle Gesang des Kinderchors der Gartenstadt den freudigen Gefühlen der Teilnehmer Ausdruck. Die erste Katzwanger Brücke hatte in 45 Jahren viel erlebt. Um die Jahrhundertwende,

Festlich mit Blumengirlanden geschmückt fuhr die erste Straßenbahn der Linie 8 über die Katzwanger Brücke. Hunderte von Nürnbergern umringten sie und ein großer Teil stieg sogar ein, um den feierlichen Augenblick im Straßenbahnwagen selbst mitzuerleben. Die wehenden Fahnen grüßten weit über das Rangierbahnhofgelände und zeigten das bedeutungsvolle Ereignis an.

Groß war der Jubel, als die Katzwanger Brücke am 1. Juli 1951 dem Verkehr übergeben wurde.

dies ein Tag der Freude. Sechs Jahre war die wichtige Verkehrsader durchschnitten, und die Gartenstadt nur auf Nebenwegen mit Umsteigen und anderen Hindernissen von der Stadt aus zu erreichen. „Jetzt kann der Strom wieder ungehindert pulsieren. Dies bedeutet für viele morgens eine halbe Stunde Schlaf mehr, und abends ein früheres Heimkommen", führte die Tageszeitung aus. Kein Wunder, dass die Ein-

weihung der Brücke wie ein Volksfest gefeiert wurde. Es spielte eine Kapelle der Städtischen Straßenbahn. Der Straßenbahnwagen war mit bunten Girlanden geschmückt. Ehrengäste hielten Ansprachen, der Kinderchor sang und die kirchliche Weihe durfte natürlich auch nicht fehlen.

8-Millionen-Bauprojekt

Nachdem der Wiederaufbau so gut wie abgeschlossen

war, plante die Gartenstadt bereits ein großes Wohnbauprogramm, für das sie einen Architektenwettbewerb ausschrieb. 27 Architekten aus der Region reichten Entwürfe für die Bebauung des Geländes zwischen Katzwanger Straße, Ludwig-Donau-Main-Kanal, An der Schwarzlach und Pachelbelstraße ein.

Das 8-Millionen-Projekt sah neben dem Bau von rund 500 Wohnungen ein Wohnheim für berufstätige Frauen,

87

1950 wieder aufgebaut:
Buchenschlag 35.

1952 wieder aufgebaut:
Heckenweg 17.

Rückansicht Heckenweg 17.

Finkenbrunn 34/36: Der erste Selbstbedienungsladen in der Gartenstadt wurde im August 1953 eröffnet. Er war der größte in Bayern und erregte viel Aufmerksamkeit auch über die Gartenstadt hinaus.

einen Kinder- und Jugendhort, eine zentrale Waschanlage, fünf Läden, Garagen und Boxen für Motorräder vor.

Diesen Anforderungen, die nur teilweise umgesetzt wurden, entsprach am Besten der Entwurf der Arbeitsgemeinschaft der Architekten Josef Deschermeyer, Bernhard Waldmann und Gartenarchitekt Hermann Thiele. Dieser sah die Errichtung von Laubenganghäusern auf großen grünen Freiflächen vor, und wurde im März 1952 der Öffentlichkeit präsentiert.

Erster „Selbstbedienerladen"

Im Laufe des Jahres 1952 wurden weitere 85 Wohnungen bezugsfertig. Im Bau befanden sich außerdem 116 Wohnungen und ein „Selbst-

bedienerladen" – übrigens der erste in Nürnberg und der größte in Bayern.

Am 25. August 1953 war es soweit: Der „Selbstbedienerladen" eröffnete am Finkenbrunn 34 mit einem umfangreichen Sortiment an Feinkost, Weinen, Süßwaren, Früchten und Gebäck. Auch Wurst und Fleisch waren im Angebot, allerdings noch nicht für die Selbstbedienung. „Der Selbstbedienerladen wird von den Bewohnern der Gartenstadt in hohem Maße gewürdigt", berichtete der Vorstand im Geschäftsbericht für das Jahr 1953.

Eine weitere Innovation brachte der Laden mit sich. Für ihn mussten die Treppenhäuser verlegt werden. So kam die Gartenstadt zu den

Finkenbrunn 53-69, Wiederaufbau 1952. Unten: Regenbogenstr. 156-158, wieder aufgebaut 1950.

ersten Laubengangwohnungen, die während des Bauens im Zentrum der Kritik standen. „Heute gehören die beiden Wohnblöcke mit Lauben-gangwohnungen zu den modernsten Baublöcken, deren Bewohner uns bisher nur hohes Lob gezollt haben", berichtete der Vor-stand jedoch nach Bezug der Wohnungen.

Wiederaufbau abgeschlossen

Im Oktober 1953 feierte die Gartenstadt den Abschluss des Wiederaufbaus. Insgesamt blieb von den 1.349 Wohnungen zu Kriegsbeginn keine einzige unbeschädigt. 5,9 Millionen DM setzte die Genossenschaft für den Wiederaufbau ein, 38 Prozent davon stammten aus eigenen Mitteln. Mit 1.548 Wohnungen besaß die Gartenstadt im Oktober 1953 sogar 199 Wohnungen mehr als vor Kriegsbeginn.

Zum Gedenken an den Wiederaufbau beauftragte die Genossenschaft den Bildhauer Carlos Bösenecker mit der Errichtung eines Brunnens nach einem Entwurf von Josef Deschermeyer und Hermann Thiele. Die Brunnensäule krönte eine vergoldete Friedenstaube, die der Hoffnung auf eine friedlichere Zukunft Ausdruck verlieh.

Der Brunnen wurde unmittelbar neben den letzten Wohnungsbauten in der Regenbogenstraße errichtet. Die Brunnensäule trägt die Inschrift:

Taubenbrunnen in der Regenbogenstraße.

„Vorbei sind die langen Tage und Nächte tiefster Beklemmung während des Bombenhagels.

Behoben sind die durch den zweiten Weltkrieg verursachten Zerstörungen in unserer Gartenstadt.

Bleiben soll die Erinnerung an die grosse Leistung des Wiederaufbaus 1945-1953."

Wieder ein Mittelpunkt des gesellschaftlichen Lebens: Gesellschaftshaus Gartenstadt im November 1953 eröffnet

Obwohl die Schaffung von Wohnraum nach dem zweiten Weltkrieg absolute Priorität besaß, erstrahlte auch das Gesellschaftshaus Gartenstadt kurz nach Beendigung des Wiederaufbaus in neuem Glanz. Am 21. November 1953 wurde es im Beisein von 400 Gästen feierlich eingeweiht.

Eingerahmt von Chor und Orchester würdigten Politiker und Verbandsfunktionäre die große Leistung des Wiederaufbaus. „Hier möge wieder diskutiert werden, um in den Hauptfragen einmütig, in den Nebenfragen duldsam

und in allen Fragen wohlwollend zueinander zu sein", wünschte sich Gustav Joseph, Vorstandsvorsitzender der Gartenstadt. Über den kulturellen Mittelpunkt, der auch für die Stadt Nürnberg ein Schmuckstück sei, freute sich Oberbürgermeister Bärnreuther.

Das Gesellschaftshaus bot nach dem Wiederaufbau Platz für einen großen Saal mit 450 qm und rund 700 Sitzplätzen und eine Empore, die durch einen Vorhang abgeschlossen werden konnte. Ein kleiner, durch acht Falttüren vom Hauptsaal abtrennbarer Wintergarten ergänzte

In neuem Glanz erstrahlte das Gesellschaftshaus im November 1953.

Blick zum Wintergarten.

Begeistert berichteten auch die Nürnberger Nachrichten über das Gesellschaftshaus:

„Der Saal erhielt eine große offene und nach neuzeitlichen Gesichtspunkten erbaute Bühne, moderne Lautsprecher-, Heizungs- und Entlüftungsanlagen, außerdem besten Eichenparkettboden, auf dem das Tanzen ein wirkliches Vergnügen werden soll. Mit seiner großzügigen Ausstattung, den reichlich bemessenen Garderoben, einem umfangreichen Foyer, modernen Deckenbeleuchtungen und Lüstern bildet der Saalbau nicht nur einen kulturellen und gesellschaftlichen Mittelpunkt der Gartenstadt, sondern wird bald auch im kulturellen Leben Nürnbergs, für Tagungen, Kongresse und gesellschaftliche Veranstaltungen eine große Rolle spielen."

die Räume, die bei großen Veranstaltungen bis zu 1.000 Menschen Platz bieten konnten.

Qualität statt Quantität

Gemeinschaftseinrichtungen erleichtern den Alltag

Bereits 1912 baute die Gartenstadt ein Zentralwaschhaus für ihre Bewohner. Diese Tradition setzte sie in den 50er Jahren fort. Nachdem das alte Waschhaus zu klein geworden war, errichtete sie einen „Glaspalast" an dessen Stelle.

Richtfest Finkenbrunn 53-57.

1953 war das bis dahin produktivste Baujahr in der Geschichte der Gartenstadt. Zehn Wohnungen in Einfamilienhäusern und acht Wohnungen in zweigeschossigen Häusern wurden wieder aufgebaut, ferner konnten 18 Neubauwohnungen an der Scharzlach, 54 an der Pachelbelstraße und 34 am Finkenbrunn bezogen werden. Der Selbstbedienerladen am Finkenbrunn und das Gesellschaftshaus bildeten den krönenden Abschluss des erfolgreichen Jahres.

Qualität statt Quantität

Nach dem zweiten Weltkrieg haben die gemeinnützigen Wohnungsunternehmen in Nürnberg und Fürth rund 8.000 Wohneinheiten ein zweites Mal gebaut und rund 9.000 Wohneinheiten neu produziert. „Jede vierte Familie in Nürnberg und jede fünfte Familie in Fürth wohnt nun in einem gemeinnützigen Wohnungsunternehmen. An Stelle der Quantität ist die Qualität getreten." Dies berichtete der Vorstand bei der Generalversammlung der Genossenschaft 1955.

Obwohl die Finanzierungsmöglichkeiten im sozialen Wohnungsbau immer mehr eingeschränkt wurden, baute die Gartenstadt mit großem Engagement weiter. 1956 war der Bestand auf 1.696 Wohnungen angewachsen. Dabei legte sie großen Wert auf qualitative Verbesserungen.

Erste Einbauküchen

Bei sämtlichen Neubaumaßnahmen ab 1955 war für jeden Block je eine automatische Waschküche vorgesehen. Im Frühjahr wurde das Mangelhaus im Muldenweg zu einem Waschhaus umgebaut, im Sommer zwei gleichartige Waschhäuser im Heckenhof und in der Regenbogenstraße errichtet.

Bei einem Teil der Wohnungen wurde das Spülklosett aus dem Bad herausgenommen und ein eigener Klosettraum geschaffen. In den Küchen baute man doppelte anstatt einfacher Spülbecken ein. Bad und Küche wurden nunmehr von einem Gasgerät mit Warmwasser versorgt.

Für 30 Wohnungen in den Laubenganghäusern Karl-Rorich-Str. 8 und 12 ist es der Genossenschaft gelungen, zusätzlich staatliche Darlehen zur Einrichtung von Einbauküchen zu erhalten. Diese waren mit stoß-

Küche in der Armin-Knab-Straße

Laubenganghäuser in der Karl-Rorich-Str. 6-12.

und wischfestem Lack überzogen und die Arbeitsflächen mit Linoleumbelag versehen, um den Hausfrauen die Arbeit zu erleichtern.

Rückkehr zur Ordnung

Um einen Überblick über Zustand und Belegung der Wohnungen zu bekommen, führte die Genossenschaft Wohnungskontrollen ein. Nach einem genau festgelegten Fragebogen führte der Aufsichtsrat die vorher schriftlich angekündigten Kontrollen durch, die auch die Gärten mit einschlossen. „Alle Provisorien müssen nun aufhören. Wir müssen zur Ordnung zurückkehren", hieß es dazu im Geschäftsbericht für das Jahr 1955.

Die Kontrollen führten zu folgendem Ergebnis: Von 1.777 Wohnungen (Stand 1956) waren 1.517 in gutem Zustand, 188 konnte das Prädikat „sehr gut" verliehen werden, 54 Wohnungen wurden als „mittel" einge-

stuft, während sich 18 in schlechtem Zustand befanden. „Die Besichtigungen haben allen Beteiligten gezeigt, dass die Gartenstädter mit viel Liebe an ihren Wohnungen hängen und dass sie sich darin wohlfühlen", lautete das Fazit.

Ankauf von Grundstücken

1955 wurde das Gebiet der Gartenstadt durch den Ankauf zweier Grundstücke endgültig festgelegt. Das eine lag zwischen Paumann-,

96

Pachelbelstraße und „An der Schwarzlach". Die rund 14.500 qm konnten von der Staatsforstverwaltung für rund 35.000 DM erworben werden. Das andere, gegenüber des Südfriedhof-Westeingangs, hatte bereits damals eine lange Vorgeschichte.

Es wurde 1912 von der Stadt Nürnberg zur Errichtung eines Straßenbahndepots erworben. Bereits 1929 wollte die Gartenstadt das Grundstück kaufen. Nachdem Gustav Joseph von der Stadt ein Vorkaufsrecht erwirkt hatte, bedurfte es noch einmal zwei Jahre zäher Verhandlungen, bis die Genossenschaft 1955 das 19.000 qm große Grundstück für 89.000 DM erwerben konnte.

„Auf dem zur Verfügung stehenden Baugelände können noch 21 Wohnblocks mit ca. 400 Wohnungen errichtet werden", mutmaßte der Vorstand damals. Nach Abschluss der Bautätigkeit sollte das Gelände der Gartenstadt circa 52 Hektar (einschließlich Straßen) mit rund 2.100 Wohnungen betragen.

Neues Waschhaus

Nachdem die Nachfrage nach maschinellen Wasch-

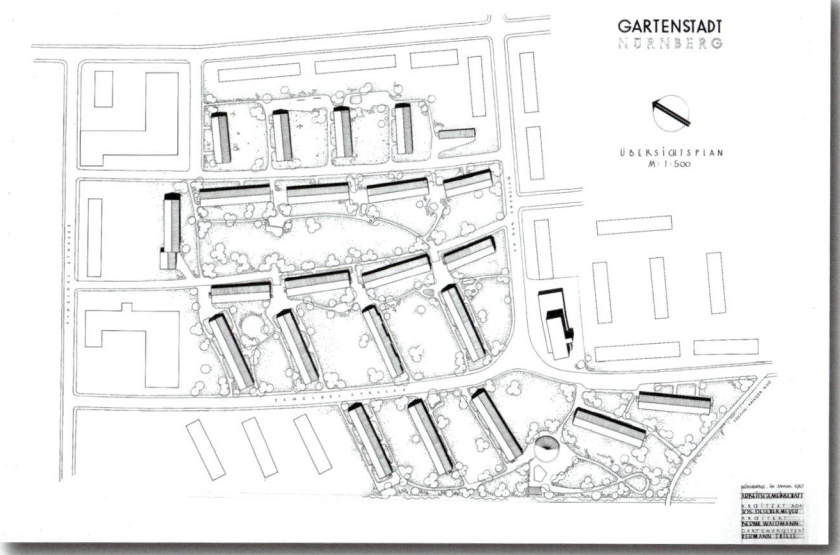

Planung für die Bebauung zwischen Paumann-, Pachelbelstraße und „An der Schwarzlach".

Häuserzeile an der Pachelbelstraße.

einrichtungen immer größer wurde, ersetzte die Genossenschaft das aus dem Jahr 1912 stammende Waschhaus durch einen modernen Neubau im Herzen der „alten"

Zur gleichen Zeit wie das Zentralwaschhaus wurde dieser Brunnen an der Karl-Rorich-Straße eingeweiht.

Gartenstadt, am Buchenschlag. Der „Glaspalast" mit automatischen Waschmaschinen für sieben, zwölf und 20 Kilogramm Wäsche, elektrischen Schleudern, Trocknern und einer Heißmangel wurde am 13. August 1956 feierlich eingeweiht.

„In der kurzen Zeit von zwei Stunden können die Hausfrauen ihre Wäsche durch eine der sechs Trommeln schleusen", berichtete begeistert das „8-Uhr-Blatt".

„Dienende Funktion"

Das als Sonderbaumaßnahme für 88.000 DM geltende Zentralwaschhaus wurde vollkommen aus eigenen Mitteln und in eigener Regie errichtet. Sogar die Pläne stammten vom Vorstand der Baugenossenschaft, Architekt Erich Krivy.

„Diese Leistungen", betonte Aufsichtsratsvorsitzender Gustav Joseph bei der Einweihungsfeier, „sind nur möglich gewesen durch das genossenschaftliche Streben und das gemeinschaftliche Handeln der Mitglieder, die es bewirken, dass alle Überschüsse wieder der Gemeinschaft zufließen und das Geld nur eine dienende, keine verdienende Funktion besitzt."

Alltag im Zentralwaschhaus
Hildegard Posch berichtet aus ihrem Arbeitsleben

Die Architektur des Zentralwaschhauses erregte Aufsehen.

Hildegard Posch wurde im Herbst 1967 als Manglerin eingestellt. Sie hatte eine fünf-Tage-Woche à acht Stunden. Aus ihrem Arbeitsalltag berichtet sie Folgendes:

„Ende Juni wurden für das nächste halbe Jahr die Waschzeiten eingeschrieben, Ende November für das nächste halbe Jahr. Es herrschte großer Andrang. Früh um vier Uhr versammelten sich vor dem Waschhaus die Frauen. Im Juni mit Gartenstühlen und Liegestühlen, im November mit Kanonenofen, den Herr Niklas aufstellte und mit Holz beheizte, damit sich die Frauen aufwärmen konnten. Ab sieben Uhr früh kam Herr Gsimsl und dann ging es los. Jede wollte die Erste sein.

Als Herr Gsimsl in Pension ging, wurde mir seine Arbeit übertragen. Ich musste das Zentralwaschhaus übernehmen, dazu noch die Nebenstellen. Im Zentralwaschhaus befanden sich sechs Waschmaschinen, drei Schleudern, zwei Trockner. Am Wochenende musste ich die Zähler ablesen, das Geld entleeren und inklusive Heißmangelabrechnung zur Genossenschaft bringen, später dann zur Sparkasse.

Donnerstagabends wurden der Gully von den Flusen und Rückständen der Waschmaschinen gesäubert, die Fenster abgespritzt, die Waschtröge zum Austrocknen umgekippt, 76 Brenner der Heißmangel mit einer feinen Stahlbürste von den Rückständen gesäubert, der Motor geschmiert und alle sechs Monate neue Mangeltücher aufgezogen. Im September nach der schlechten Nachfrage im Zentralwaschhaus musste ich meinen Stundenausgleich im Büro absolvieren: Telefonvermittlung, Ablage und Archiv.

Mit modernen Geräten ausgestattet erleichterte das Zentralwaschhaus den Hausfrauen erheblich die Arbeit.

In meiner Freizeit musste ich ab und zu in die Außenstellen gehen, am Freitag oder Samstag, weil die Wäscherinnen ihre Münzen zu schnell in den Zähler steckten. Eine blieb stecken, die andere oben drauf. Die Waschmaschine blieb stehen und rührte sich nicht mehr. Ich wurde verständigt und ging hin, machte den Geldkasten auf und zog mit einer kleinen Flachzange die erste Münze herunter. Dann kam die zweite Münze nach, die sich von selbst durchdrehen ließ. Die Frauen waren froh und ich habe für sie etwas getan. Im Zentralwaschhaus musste ich früh um sieben Uhr die Leine am Waschplatz ziehen und vier Trocknerpilze aufstellen im Freien.

Außerdem gehörten zu meinen Aufgaben, die Kaltmangeln in der Paumannstraße und in der Regenbogenstraße einmal wöchentlich zu säubern und die Zähler zu entleeren. Waschhaus Regenbogenstraße: Drei Waschmaschinen, Zähler ablesen und Geld entleeren, einmal wöchentlich reinigen. Am Kanal ein Waschhaus, zwei Kabinen, eine wurde stillgelegt nach der Umstellung von Stadtgas auf Erdgas: Zähler ablesen, entleeren und reinigen. Muldenweg: Zähler ablesen und Geld entleeren. Supermarkt: eine Waschmaschine, ablesen und entleeren. Armin-Knab-Straße: Nummer 6, 10 und 19 ablesen und entleeren. An der Schwarzlach: eine Waschmaschine, ablesen und entleeren. Pachelbelstraße: Nummer 39, 119 und 126, ablesen und entleeren. Pachelbelstraße Altenwohnheim: Nummer 118 und 118b, zwei Waschmaschinen und ein Trockner, Zähler ablesen und entleeren. Karl-Rorich-Straße: Nummer 6 und 10, ablesen und entleeren.

Vor mir waren in Schichten beschäftigt: Frau Hildegard Reichhold, Frau Gsimsl, fest angestellt Frau Schepl und Katharina Reichhold. Nachdem sie in Rente gingen, arbeiteten Lieselotte Hummel und ich allein. Während meiner Arbeitszeit war ich auch neun Jahre im Betriebsrat tätig."

Das zweite Wohnungsbaugesetz

Übergang von gelenkter in liberale Wohnungswirtschaft

Zu ihrem 50. Jubiläum hatte die Gartenstadt das ihr zur Verfügung stehende Gelände fast vollständig bebaut. Gesetzliche Vorgaben eröffneten ein neues Geschäftsfeld: den Bau von Eigenheimen für Familien.

Minervastraße 149-163 (oben). Unten: Minervastraße 111-119 (Eigentumsmaßnahme).

Einführung von Rangstufen

Das zweite Wohnungsbaugesetz, das am 1. Januar 1957 in Kraft trat, stellte die gemeinnützigen Wohnungsbauunternehmen vor neue Herausforderungen. Zum ersten Mal seit 1948 musste eine Baupause eingelegt werden. Eine der wichtigsten Bestimmungen des Gesetzes war die Schaffung von Rangstufen im sozialen Wohnungsbau. In Städten mit

Kriegszerstörungen wie Nürnberg hatte der Wiederaufbau Vorrang vor dem Neubau. Dann folgten auf Rangstufe eins Familienheime für Bevölkerungsschichten mit geringem Einkommen, auf Rangstufe zwei Wohnungen für Bevölkerungsschichten mit geringem Einkommen und Familienheime, die nicht für gering verdienende Wohnungssuchende bestimmt waren.

Alle sonstigen Wohnungen hatten Rangstufe drei. Der öffentlich geförderte genossenschaftliche Wohnungsbau auf Neubaugelände, wie ihn die Gartenstadt in den letzten Jahren betrieb, trat an die letzte Stelle.

Familienheime

Um die Bautätigkeit auch unter den geänderten Bedingungen fortsetzen zu können, plante die Gartenstadt die Erbauung von 29 Familienheimen auf dem Gelände Minervastraße/Katzwangerstraße.

Die Häuserzeilen waren senkrecht zur Minervastraße geplant. Zwei Haustypen waren vorgesehen: Der eine mit drei Zimmern, Küche und Bad mit 68,56 qm Wohnfläche sollte rund 30.000 DM kosten. Der

Minervastraße 149-167.

Garagen in der Armin-Knab-Straße.

andere mit vier Zimmern, Küche und Bad mit 85,76 qm Wohnfläche rund 37.000 DM.

„Wir stehen am Beginn des Übergangs der gelenkten und subventionierten Wohnungswirtschaft in eine liberalistische Wohnungswirtschaft", erklärte der Vorstand im Geschäftsbericht für 1958. „Die Wohnungsbaugenossenschaften werden dann wieder größere Bedeutung

bekommen für diejenigen, die aus eigener Kraft nicht in der Lage sind, sich eine Wohnung oder ein Familienheim zu bauen."

Sonderbauprogramme

Neben dem Bau von Eigenheimen führte die Genossenschaft sowohl Sonderbaumaßnahmen durch wie auch Bauvorhaben ohne Inanspruchnahme öffentlicher Mittel. So entstanden in

der Armin-Knab-Straße 5, 7, 9 und 11 insgesamt 24 Wohnungen und in der Armin-Knab-Straße 10 und 12 zwei Laubenganghäuser mit 27 Wohnungen in Sonderbauprogrammen.

Statistische Erhebung

1956 wohnten in der Gartenstadt 5.947 Personen, davon 4.366 Personen in Hauptmiete, über ein Viertel (1.581 Personen) waren

Regenbogenstr. 114-66.

Untermieter. Von den Hauptmietern waren 554 Arbeiter, 412 Angestellte, 155 Beamte, 53 Freiberufler und 603 Rentner. An Verkehrsmitteln besaß die Bevölkerung der Gartenstadt: 2.437 Fahrräder, 260 Mopeds, 35 Roller, 126 Motorräder und 145 Autos.

Von den 1.777 Wohnungen (Stand 1956) besaßen 452 ein Badezimmer, 534 hatten Bäder in der Küche, 142 hat-

ten Bäder im Keller, bei 642 Wohnungen waren Bäder und Klosette in einem Raum. Nur acht Wohnungen hatten kein Bad.

50 Jahre Gartenstadt

Mit einem Bestand von 1.845 Wohnungen feierte die Gartenstadt ihr 50-jähriges Bestehen. Im Rahmen einer Feierstunde wurden auch die 15 Gründungsmitglieder geehrt, die noch immer in der

Gartenstadt wohnten. Der Vorsitzende des Aufsichtsrates, Gustav Joseph, fasste in seiner Rede zusammen, was das Wesen der Gartenstadt ausmachte: „Trotz mannigfacher Schwierigkeiten ist unsere Gartenstadt heute noch ein zusammenhängendes Gebilde geblieben und beispielhaft für gesundes und friedliches Wohnen! In ihr haben Licht und Luft Raum. Noch ist unsere Wohnanlage

Als Postkartenmotiv eignete sich die Gartenstadt mit ihren romantischen Straßenzügen schon immer.

In der Nachkriegszeit war man ebenso stolz auf den Neubau wie auf die historische Bausubstanz. Rechts: Armin-Knab-Str. 6-12 im Bau.

frei von dem unhygienischen Fegefeuer von Abgasen, Staub und Rauch und dem ohrenbetäubenden Getöse, weches das Wohnen in der Großstadt so unerträglich macht. Das ist kein Zufall, sondern verwirklichte Wohnungsreform, die hier vor 50 Jahren begann!"

In gemeinsamer Sitzung beschlossen Vorstand und Aufsichtsrat am 10. September 1958, wieder eine Spareinrichtung zu gründen, wie es sie bereits von 1911 bis 1940 gab.

„Zweite Gartenstadt"

Im Rahmen der 50-Jahr-Feier wurde auch bekannt gegeben, dass die Genossenschaft beabsichtige, eine „zweite Gartenstadt" in der Trabantenstadt Langwasser zu errichten.

Regenbogenstraße 62, Salon Hausch 1958.

Nahversorgung in der Gartenstadt
Friseur Karl Hausch erinnert sich

Schon immer legte die Verwaltung der Gartenstadt großen Wert auf die Nahversorgung ihrer Mitglieder. In der Nachkriegszeit gab es zeitweise vier Konsumläden in der Gartenstadt: einen Selbstbedienungsladen, zwei weitere Lebensmittelgeschäfte und eine Konsummetzgerei. Auch Dienstleister wie Ärzte, Apotheker oder Friseure standen den Gartenstädtern zur Verfügung.

Friseur Karl Hausch erinnerte sich anläßlich einer Talkshow der Geschichtswerkstatt im Kulturladen Gartenstadt:

„Wir sind 1926 in die Regenbogenstraße 10 gezogen, wo früher das Kurzwarengeschäft drin war. Und eines Tages – ich glaube, damals war der Schramm Vorstand – hat er ein Modell der Gartenstadt dort gehabt. Da hat er zu meinem Vater gesagt: „Da kommt das Schulhaus hin und da sind Sie!" Da hat mein Vater gesagt: „Das wäre schön, wenn wir da wären und nicht in dem Loch da drunten!" Das war dann also die Regenbogenstraße 62, gegenüber vom Schuleingang. Ich bin dann im Krieg eingezogen worden, mein Vater ist 1941, meine Mutter

Minervaplatz mit Apotheke und Konsumladen (links). Unten: Drogerie Rauscher in der Katzwanger Str. 190-192 (jetzt Julius-Loßmann-Str. 40).

1948 gestorben. Die Gartenstadt hat das Geschäft einstweilen dem Herrn Meindl übergeben, allerdings mit der Klausel, dass ich das Geschäft wieder bekomme. Ich bin dann 49 zurückgekommen und habe das Geschäft im September oder Oktober wieder übernommen. Nun war es so: Die Gartenstadt, das war ja so schön, dass alles eingeteilt war: Ein Milchgeschäft ganz unten, ein Milchgeschäft in der Mitte, ein Milchgeschäft ganz oben – keiner hat eigentlich weit gehabt zum Einkaufen.

Da hat sich ergeben, dass da droben an der Minervastraße 168 das Geschäft leer gestanden ist. Immer, wenn ich da vorbeigefahren bin, habe ich für mich gedacht: Mensch, das wäre ein Geschäft, das wäre für mich das richtige Geschäft! Ich habe nie etwas gesagt, zu meiner Frau und der Tochter im Auto drin. Und eines Tages habe ich es nicht mehr ausgehalten. Da habe ich gesagt: „Schaut einmal da hinüber! Was sagt ihr denn dazu, wenn da stehen würde 'Friseur Hausch'?" „Allmächt", haben beide gesagt, „das wäre ja eine Schau!" Daraufhin habe ich angerufen, den Herrn Schuster, dann hat der gesagt: „Das hat jetzt dauernd leer gestanden und jetzt habe ich einen, der es nimmt, und zwar ein Jalousiegeschäft, und jetzt, wo es zu spät ist, kommen Sie an." Dann hat sich aber folgendes ergeben, der wollte nur das Geschäft. Dann hätte die Gartenstadt das Geschäft und die Wohnung extra vermieten müssen, dann haben sie mich gefragt: „Nehmen Sie beides, das Geschäft und die Wohnung?" Darauf habe ich gesagt: „Das nehme ich!"

Aus: Die Gartenstadt Nürnberg. Teil 2

Moderne Zeiten

In den 60er Jahren wurde das Gelände vollends bebaut

Steigende Baukosten und die Abschaffung der Mietpreisbindung stellten die Genossenschaft in den 60er Jahren vor neue Herausforderungen. Dennoch konnte 1967 ein lange gehegtes Vorhaben realisiert werden: der Bau von Altenwohnungen.

Julius-Loßmann-Straße 30-32.

Baukosten stiegen stark an

Während die Planungen für den Bau eines Wohn- und Geschäftshauses an der Ecke Julius-Loßmann-/Minervastraße anliefen, brachte das am 1. Juli 1960 in Kraft getretene Gesetz über den Abbau der Wohnungszwangswirtschaft der Genossenschaft zusätzliche Arbeit und den Mitgliedern höhere Mieten. „Trotz Anhebung der Nutzungsgebühren ist das

Wohnen in der Gartenstadt preiswert geblieben, denn die Nutzungsgebühren sind auf der Grundlage des Gewinnverzichts kalkuliert", heißt es im Geschäftsbericht für 1960.

Allerdings waren auch die Baukosten erheblich gestiegen. Kostete die Erstellung einer Wohnung 1958 noch 18.507 DM, waren es 1959 schon 21.301 DM, was einer

Preissteigerung von fast 20 Prozent entspricht.

Nicht nur die Kosten stiegen, sondern auch die Arbeitsbelastung. „Für die Durchführung einer Baumaßnahme ist mehr Arbeit notwendig als früher, wegen der unproduktiven Tätigkeit des Mahnens und Drängens", klagte der Vorstand 1961.

Gegenüber den letzten Jahren wurden Instandhal-

Oben: Julius-Loßmann-Straße 108-110. Unten: Ladenzeile an der Julius-Loßmann-Straße 30-32.

tungsarbeiten verstärkt fort-
geführt. Der Mangel an Ar-
beitern vor allem bei den
Malern setzte der Genossenschaft hierbei jedoch immer
wieder Grenzen.

Geringere Wohndichte

1962 hatte sich die Wohn-
dichte erheblich verringert.
Zählte die Genossenschaft
1956 noch 4.366 Hauptmie-
ter und 1.581 Untermieter,
waren es 1962 noch 4.332

Eine Gasexplosion zerstörte im März 1964 das Haus Finkenbrunn 31.

Das zerstörte Haus weckte Kriegserinnerungen bei den Nachbarn.

Haupt- und 1.006 Untermieter. Im Schnitt war 1956 jede Wohnung von 3,35 Personen bewohnt, 1962 nur noch von 2,8 Personen. Dafür war das Alter der Bewohner gestiegen. Und die Zahl der Fahrzeuge hatte sich vervielfacht: von 145 Pkw im Jahr 1956 auf 557 Pkw im Jahr 1962.

Die Kosten für Instandhaltung stiegen ebenfalls. Sie lagen 1963 bei 408.456 DM. Das entsprach 24,25 Prozent des Jahresmietertrags oder einem durchschnittlichen Kostenanteil von 213,85 DM pro Wohnung. Vor allem die nicht isolierten Kelleraußenmauern und die Dächer des älteren Wohnungsbestandes waren reparaturbedürftig.

Um die Stromversorgung in der Gartenstadt zu verbessern, errichtete die EWAG zwei neue Trafostationen am Buchenschlag und an der Regenbogenstraße. Die Genossenschaft verstärkte die elektrischen Zuleitungen in den Kellern.

Gasexplosion

Erinnerungen an den Bombenkrieg weckte am 25. März 1964 eine Gasexplosion, der das Haus Finkenbrunn 31 zum Opfer fiel. Zum Glück befand sind zum Zeitpunkt der Explosion niemand im Haus. Allerdings wurden 13 Feuerwehrmänner und Polizisten teilweise schwer verletzt. Die Ursache

waren wohl Arbeiten an der Hauptleitung, die nicht sachgemäß durchgeführt wurden.

Die Genossenschaft baute das zerstörte Haus in Rekordtempo wieder auf, so dass es im Oktober 1964 bereits wieder bezogen werden konnte.

Rekord-Bilanzsumme

Einen weiteren Rekord konnte die Genossenschaft ebenfalls 1964 verbuchen: Die Bilanzsumme überschritt zum ersten Mal die Höhe von 20 Millionen DM. Dennoch konnte die Gartenstadt längst nicht allen Bewerbern eine Wohnung anbieten: 128 Interessenten musste alleine

Das 1967 aufgenommene Luftbild zeigt die Gartenstadt im Überblick.

im Jahr 1964 eine Absage erteilt werden.

Verstärkte Nachfrage

Die Nürnberger Wohnungsunternehmen stellte die Erklärung Nürnbergs zum „weißen Kreis" am 1. Juli 1965 vor die Aufgabe, sich erneut und intensiv mit der Wirtschaftlichkeit des Hausbesitzes zu befassen. Denn damit war die Abschaffung der Mietpreisbindung verbunden.

Die Gartenstadt musste daher ab 1. Juli 1966 die

Die Versorgung der Gartenstädter wurde 1963 mit dem Bau des Supermarktes an der Minervastraße 169 noch weiter ausgebaut.

Blick auf die Altenwohnnungen in der Armin-Knab-Straße 4.

bemühte Hausverwaltung zeichneten die am 15. Juni 1967 bezugsfertigen Altenwohnungen in der Armin-Knab-Straße 4 aus. Mit dem Bau dieser Wohnungen verwirklichte die Gartenstadt ein bereits seit langem geplantes Vorhaben.

Für rund eine Million Mark entstand ein viergeschossiges Wohnhaus mit 24 Einzimmer- und acht Zweizimmerwohnungen für ältere Gartenstadtbewohner. Allerdings wurde damals noch kein barrierefreier Zugang geschaffen. Dieser entstand erst im Zuge der umfangreichen Sanierungsarbeiten im Jahr 2004.

Nutzungsgebühren für 1.416 Wohnungen, Geschäftsraum- und Gewerbemieten bis zur Kostendeckung anheben. Es ergab sich eine durchschnittliche Nutzungsgebühr von 1,40 DM pro Quadratmeter. „Vergleicht man dies mit den Mieten am freien Wohnungsmarkt, ist der Wunsch nach einer Genossenschaftswohnung verständlich", so der Vorstand im Geschäftsbericht für 1966.

„Während in früheren Jahren die Wohnungssuchenden aus Kreisen kamen, die unserer Genossenschaft nahe standen, sei es durch Verwandte oder Bekannte, mehren sich nun die Gesuche von Bewerbern aus allen Stadtteilen", stellte die Genossenschaft fest.

Vor allem nach größeren Wohnnungen (ab 2,5 Zimmern) bestand eine rege Nachfrage. Die Beliebtheit kleinerer Wohnungen nahm dagegen mit zunehmendem Wohlstand ab.

Altenwohnungen

Lift, Zentralheizung, fließendes Warmwasser und eine um das Wohl der Mieter

Viele Bewerber

Die Nutzungsgebühr lag im Schnitt bei 2,80 DM pro Quadratmeter und damit etwas höher als bei den anderen Genossenschaftswohnungen. Dennoch gab es doppelt so viele Bewerber wie zur Verfügung stehende Wohnungen.

Die Gaststätte bei Nacht. Bild unten: Der Gastraum mit Blick in den Garten.

Gaststätte und Gesellschaftshaus wieder vereint
Neubau der Gaststätte am Buchenschlag 1964 eingeweiht

Mit der Einweihung der Gaststätte neben dem Gesellschaftshaus im Oktober 1964 zog die Gartenstadt einen endgültigen Schluss-strich unter die Nachkriegs-Entwicklung. Der Neubau löste die seit 1947 bestehende, behelfsmäßige Gaststätte am Heckenweg ab.

Bei der Planung der Gaststätte ging Architekt Hans Albert Wilhelm von der Forderung aus, durch die moderne Küche und die 14 Meter lange Büffetanlage nicht nur die Gaststätte, sondern auch den bereits vorhandenen Saal des

Rückansicht der Gaststätte am Buchenschlag.

Gesellschaftshauses bewirtschaften zu können. Durch diese Lösung wurde auch der alte Wirtsgarten nach Osten hin abgeschlossen. Es entstand ein ruhiger Platz abseits des Verkehrslärms.

Aus der alten Gaststätte am Heckenweg enstanden ein Gemeinschaftsraum und 14 Garagen sowie Abstellplätze für das Gesellschaftshaus.

Von der Theke aus konnten sowohl die Gaststätte wie auch der bereits vorhandene Saal des Gesellschaftshauses bedient werden.

Zweite Gartenstadt

In Langwasser entstand ein neuer Stadtteil

Auf dem etwa 600 Hektar großen Gelände im Süden Nürnbergs sollte ein neuer Stadtteil mit rund 40.000 Einwohnern entstehen: Langwasser. In der Nachbarschaft „M" erhielt die Gartenstadt Baugelände.

Der preisgekrönte Entwurf der Architekten Scherzer/Fink/Scherzer.

Um den aufgestauten Wohnbedarf der Nürnberger Bevölkerung zu befriedigen, planten die Verantwortlichen der Stadt Nürnberg den Bau einer zukunftsorientierten Trabantenstadt. Ein Bebauungsplan wurde erstellt, ein Ideenwettbewerb bundesweit ausgeschrieben. Planungsträgerin für das Gesamtobjekt war die Gemeinnützige Wohnungsbaugesellschaft der Stadt Nürnberg (WBG). Am Aufbau von Langwasser sollten aber alle maßgeblichen Wohnungsbauunternehmen mitwirken – auch die Gartenstadt.

Kaufabschluss 1962

Die Verhandlungen über den Kauf des Geländes zogen sich jedoch jahrelang hin. Erst am 13. April 1962 kam es zu einem Kaufabschluss.

Die Genossenschaft erhielt ein Gelände zwischen Zollhausstraße, Friedensdorfstraße und Dr. Linnert-Ring am südlichsten Ende von Langwasser: die „Nachbarschaft M". Hier sollten 261 Wohnungen und 108 Einfamilienhäuser entstehen.

Architektenwettbewerb

Für die Bebauung der Nachbarschaft M schrieb die

Genossenschaft einen Architektenwettbewerb aus. Noch im Jahr 1962 erkannte das Preisgericht den Architekten Scherzer, Fink und Scherzer den ersten Preis zu.

Die Hauptstraße hatte inzwischen den Namen des Preisträgers bekommen, der den Ideen-Wettbewerb für Gesamt-Langwasser gewonnen hatte: Franz-Reichel-Ring.

Neue Umgehungsstraße

Wertvolle Zeit ging abermals verloren, weil sich gegenüber den städtebaulichen Gegebenheiten zur Zeit des Wettbewerbs durch eine neu geplante Umgehungsstraße im Süden von Langwasser erhebliche Schwierigkeiten ergaben.

Das Stadtplanungsamt verlangte, dass die Nachbarschaft M anstatt von der Friedensdorfstraße von der neu geplanten Straße von Süden zu erschließen wäre.

Das hätte bedeutet, dass die durch das Preisgericht prämierte Lösung unbrauchbar geworden wäre, dass die hohen Mehrfamilienhäuser nach Süden am Hang zu stehen gekommen und die Einfamilienhäuser nach Norden gelegen wären.

GARTENSTADT NÜRNBERG

E. G. M. B. H.

Nürnberg, Finkenbrunn 1, Telefon 48 21 54

20 EIGENTUMSWOHNUNGEN

am Franz-Reichel-Ring 59-61 in Nürnberg-Langwasser

Werbeprospekt für die Eigentumswohnungen in Langwasser.

Langwierige Untersuchungen und Verhandlungen überzeugten endlich, dass die ursprünglich gefundene Lösung doch vorzuziehen sei.

Die Baustelle Franz-Reichel-Ring 7-9 im September 1966.

Blick zum Franz-Reichel-Ring.

Bebauungsplan

Am 12. August 1964 wurde der Bebauungsplan für die Nachbarschaft M vom Stadtplanungsamt unterzeichnet. Im ersten Bauabschnitt waren 306 Wohnungen und 87 Einfamilienhäuser geplant, im zweiten Bauabschnitt sollten weitere 250 Wohneinheiten dazukommen. Der Bau sollte in Tafelbauweise durchgeführt werden. Wände und Decken sollten aus vor-

1971 wurde die Gaststätte „Tannenhof" fertig gestellt.

gefertigten Tafeln zusammengefügt werden. Davon erhoffte sich die Genossenschaft eine wesentliche Verkürzung der Bauzeit.

Von den 306 Wohnungen wurden 72 als Eigentumswohnungen verkauft, ebenso alle 87 Einfamilienhäuser. Die Wohnungen wurden an die Fernwärme angeschlossen.

Eigentumswohnanlage am Franz-Reichel-Ring 109-115. Im Hintergrund Franz-Reichel-Ring 7-17.

Teilansicht des Franz-Reichel-Rings.

Baubeginn 1966

Nachdem 1965 Wasser- und Entwässerungsleitungen in der Nachbarschaft M verlegt wurden, konnte mit den Hochbauten 1966 begonnen werden. Die ersten drei Blöcke mit 48 Wohnungen wurden bis Mitte 1967 bezogen.

Alle Küchen waren mit Elektroherd, Doppelspüle, Unterbauschrank und Speise-schrank ausgestattet. Bäder und Toiletten waren getrennt.

Unterschiedliche Ansprüche

In den folgenden Jahren machte die Genossenschaft die Erfahrung, welch unterschiedliche Ansprüche Mieter und Käufer an eine Wohnung stellen. Während bei Mietwohnungen starke Nachfrage nach Dreizimmerwohnungen herrschte, waren bei Eigentumswohnungen zwei oder vier Zimmer mehr gefragt.

1967 stellte die Gartenstadt 12 Zweizimmerwohnungen und 36 Dreizimmerwohnungen am Franz-Reichel-Ring 109-115 als Eigentumswohnungen fertig.

Im Zentrum der Nachbarschaft M sollten vier Häuser mit 47 Altenwohnungen und drei Läden sowie ein Haus mit 12 Mietwohnungen und einer Gaststätte errichtet werden. Ende September 1967 nahmen etwa 50 Vertreter der Genossenschaft an einer Besichtigung des Geländes teil.

1968 wurden fertiggestellt: 24 Eigentumswohnungen am Franz-Reichel-Ring 35-39, elf Gartenhäuser an der Victor-Huber-Str. 2-10 und 14-24, 24 Eigentumswohnungen am Franz-Reichel-Ring 41-45, elf Gartenhofhäuser an der Buschingstr. 2-10 und 14-24 sowie zwölf zum Verkauf bestimmte Garagen an der Victor-Huber-Straße.

2000. Wohnung

Im Dezember 1969 sind 32 Altenwohnungen am Franz-Reichel-Ring bezogen worden, darunter auch die 2000. Genossenschaftswohnung. Mieter waren Albert Braun (88) und Ehefrau Erna, die zum Einzug ein Stereo-Radiogerät erhielten. Sie zogen dies einem Fernseher vor.

Ende Dezember 1969 hatte die Genossenschaft 2.020 Wohnungen in 1.037 Häusern, 31 Läden, 21 sonstige gewerbliche Einheiten, 145 Einzelgaragen, 20 Stellplätze in einer Tiefgarage und 75 Stellplätze.

Ein Spielplatz in den 70er-Jahren.

Atriumhäuser am Franz-Reichel-Ring.

Der Garten durfte auch in Langwasser nicht fehlen.

„Halbzeit"erreicht

Nach fünfjähriger Bauzeit feierte die Gartenstadt mit der offiziellen Übergabe des Deltamarktes und der Gaststätte „Tannenhof" am 1. April 1971 die „Halbzeit" ihres 40-Millionen-Projektes am Franz-Reichel-Ring.

„Der westliche Block steht, der östliche wird bald in Angriff genommen", erklärte Vorstand Erich Krivy anläßlich der Feierstunde. Zwischen beiden Blöcken, auf dem Dach der Tiefgaragen, sollte sich die „Plattform der Begegnungen" mit gärtnerischen Anlagen und Sitzgelegenheiten erstrecken.

1971 waren in der Nachbarschaft M bereits 107 Mietwohnungen, drei Läden, 164 Eigentumswohnungen und 89 Eigenheime fertig gestellt sowie ein „Großraumladen" und die Gaststätte „Tannenhof".

1972 wurde im Zentrum ein Friseursalon und eine Arztpraxis gebaut. Da sich kein Arzt für die Praxis interessierte, wurden die Räume an ein Radiogeschäft vermietet.

Reizvolle Grünanlage

Die Gestaltung der Freiflächen im Zentrum übernahm eine japanische Künst-

Die Gestaltung der Freiflächen übernahm eine japanische Künstlergruppe.

lergruppe. Es entstand eine reizvolle Grünanlage, die durch besonders ausgesuchte und bearbeitete Steinblöcke sowie ein Wasserbecken geprägt war.

Schleppender Verkauf

Um die weitere Bebauung umweltfreundlicher zu gestalten, wollte die Genossenschaft anstatt der geplanten Stellplätze Tiefgaragen erstellen. Doch nachdem der Verkauf der Eigtentumswohnungen aufgrund der Zins-

politik und der hohen Zusatzkosten am Franz-Reichel-Ring seit 1974 nur noch schleppend voranging, entschloss man sich, doch lieber kostengünstigere Stellplätze im Garagenhof für die Wohnungen auszuweisen.

Reihen- statt Hochhäuser

Der letzte Baublock am Franz-Reichel-Ring sollte im Juni 1978 begonnen werden. Für die letzten Grundstücke im Außenbereich der Nachbarschaft wurde von Vor-

stand und Aufsichtsrat beschlossen, die Planung zu ändern. Die laut Bebauungsplan vorgesehenen neun- und zehngeschossigen Mehrfamilienhäuser sollten durch Reihenhäuser und Atriumhäuser ersetzt werden. 1980 sollte der Bau beginnen.

Bessere Ausstattung

Der letzte Eigentumsblock am Franz-Reichel-Ring 69-73 war bereits vor Baubeginn verkauft. Das lag sicher nicht zuletzt an der verbesserten

Franz-Reichel-Ring 19-27.

Ausstattung der Wohnungen: statt Holzfenstern wurden Kunststofffenster eingebaut. In den Nassräumen wurden Fliesen verlegt sowie bessere Bodenbeläge in den Wohnräumen. 1979 wurden die Wohnungen fertig gestellt und bezogen.

Franz-Reichel-Ring 31, 33, 1, 3, 5.

Idyllisch am Rande eines Kiefernwäldchens gelegen erfreute sich der Kindergarten großer Beliebthiet.

Kindergarten wurde dringend gebraucht
Gartenstadt schuf Gemeinschaftseinrichtungen

Von Familien mit Kindern besonders sehnsüchtig erwartet, ging der Kindergarten am Franz-Reichel-Ring 60 am 1. Dezember 1971 in Betrieb.

Die Genossenschaft hatte den Hort, der 80 Kindern und einer Jugendgruppe Platz bot, mit einem Kostenaufwand von 930.000 DM nach den Plänen von Architekt Hermann Scherzer errichten lassen und der Stadt Nürnberg kostenlos zum Betrieb zur Verfügung gestellt. Damit verwirklichte die Gartenstadt, was die

Der großzügige Eingangsbereich.

Für 80 Mädchen und Jungen boten die Gruppenräume Platz.

Stadtplaner sich erhofft hatten: dass die Bauträger aus eigener Kraft heraus für Gemeinschaftseinrichtungen Sorge tragen. Der damalige Nürnberger OB, Dr. Andreas Urschlechter, verkündete bei der Übergabe des Kindergartens, die WBG wolle dem Vorbild der Gartenstadt in nächster Zeit folgen.

Rund 930.000 Mark kostete der Bau nach Plänen von Architekt Hermann Scherzer .

Klein Manhattan

Gartenstadt entwickelte sich städtebaulich vom Dorf zur Weltstadt

Der Bau des Staatshafens und des Rhein-Main-Donau-Kanals stellte die Gartenstadt vor große Veränderungen. Das idyllisch gelegene Viertel vor den Toren der Stadt wurde auf einmal vom Verkehr überschwemmt.

Modell der geplanten Bebauung am Finkenbrunn.

Große Veränderungen

Im Jahr ihres 60-jährigen Jubiläums, 1968, bot die Gartenstadt in 1.942 Wohnungen über 6.000 Menschen ein Zuhause.

Nicht nur das Bauvorhaben in Langwasser nahm langsam konkrete Gestalt an, auch die „alte" Gartenstadt stand vor großen Veränderungen. Der Bau des Staatshafens und des Rhein-Main-Donau-Kanals wirkte sich auch auf den Bereich der Genossenschaft aus.

Der Finkenbrunn sollte vierspurig ausgebaut werden und in der Verlängerung nach Südwesten zum Hafengelände führen.

Dafür mussten das Verwaltungsgebäude und sieben Einfamilienhäuser aus dem Jahr 1911 abgerissen werden. Auch der größte Teil der Vorgärten musste dem Verkehr weichen.

Neugestaltung

Der Vorstand der Genossenschaft beauftragte daher die Planungsgruppe Scherzer/Fink/Scherzer im Bereich des Finkenbrunns/Paumannstraße/Julius-Loßmann-Straße Überlegungen anzustellen, wie bei einer Neubebauung dieses Raums die Wohnbezirke vom Verkehrslärm ferngehalten werden könnten. Nach der nun vorgesehenen Planung war beabsichtigt, statt der vorhan-

denen 40 Wohnungen – überwiegend in Einfamilienhäusern – 100 Wohnungen in Hochhäusern zu errichten. Im ersten Bauabschnitt sollten drei Gebäude errichtet werden. Mit den Bauarbeiten wurde im Herbst 1969 begonnen. Das Planungsgebiet umfasste 5,1 Hektar.

Fußgängerzone

Die Gestaltung sah vor, dass die Läden und Geschäftsräume an den Verkehrsstraßen liegen und sowohl von dort als auch von einer Fußgängerzone aus zu erreichen sein sollten. Die Wohngebäude sollten von den Verkehrsstraßen abgewandt und mit ihren Haupträumen nach Südosten,

Vier Hochhäuser sollten am Finkenbrunn errichtet werden.

Süden und Südwesten liegen. Die Fassaden der in Großtafelbauweise erstellten Gebäude waren in Sicht- und Waschbeton gestaltet. Für den Bauablauf waren insgesamt 15 Jahre vorgesehen.

Der erste Bauabschnitt umfasste das Verwaltungsgebäude, das Hochhaus und ein Ladengebäude.

Hochhaus wuchs empor

Das neue Verwaltungsgebäude sowie das Geschäftshaus waren 1969 im Rohbau fertig gestellt. Das 17 Stock hohe Hochhaus mit 45 Wohnungen und zwei Arztpraxen wuchs empor. Auch dieser Bau sollte ebenso wie das Altenwohnhaus an der Pachelbelstraße mit Nachtspeicher-

heizungen wärmeversorgt werden. Anfang Juni 1971 wurde Richtfest am Hochhaus gefeiert, im November war der erste Bauabschnitt der Bebauung Finkenbrunn mit Bezug des Hochhauses bereits abgeschlossen.

Der rasche Baufortschritt war darauf zurückzuführen, dass das Gebäude in Großtafelbauweise, also mit vorgefertigten Bauelementen, in die die Versorgungsleitungen bereits eingearbeitet waren, errichtet wurde.

Frei finanziert

Neben dem Hochhaus wurden das neue Verwaltungsgebäude und ein Ladengebäude mit zwei gewerb-

lichen Einheiten und einer Praxis fertig gestellt. Das Bauvorhaben wurde ohne öffentliche Mittel frei finanziert.

Der Mietpreis für die mit Nachtspeicherheizungen versorgten Wohnungen betrug 5,50 DM pro Quadratmeter. Die Kosten für den ersten Bauabschnitt beliefen sich auf 4,9 Millionen Mark.

Im März 1972 fiel das bisherige „Wahrzeichen" der Gartenstadt, das alte Verwaltungsgebäude, dem Fortschritt zum Opfer. Es wurde abgerissen.

Drei weitere Hochhäuser

Nach Süden sollten sich drei weitere Hochhäuser mit

Das Verwaltungsgebäude aus verschiedenen Perspektiven. Das obere Bild stammt von 1920, das untere von 1965.

insgesamt 350 Wohnungen und 20 bis 25 gewerblichen Einheiten anschließen. Für die geplante Bebauung sollten 86 Einfamilienhäuser, sechs Mehrfamilienhäuser mit 21 Wohnungen und 13 gewerbliche Einheiten abgerissen werden.

Gehobener Lebensstandard

„Der erfreulicherweise gehobene Lebensstandard macht sich in der Nachfrage nach größeren Wohnungen be-

Opfer des Fortschritts: Abbruch des Verwaltungsgebäudes der Gartenstadt im März 1972.

merkbar", stellte der Vorstand der Genossenschaft 1969 fest. Vom wirtschaftlichen Boom profitierte auch die Spareinrichtung: Im August 1969 wurde die Millionengrenze bei den Spareinlagen überschritten.

Das Jahr 1970 war ein schwieriges Jahr für die Wohnungswirtschaft. Das Überangebot von Wohnraum in Nürnberg bewegte die Genossenschaft zum Umdenken. Man begann, kleine Wohneinheiten zu größeren zusammenzulegen. So löste die Gartenstadt erstmals zwei frei gewordene Mittelwohnungen auf und teilte die Räume den angrenzenden Zweizimmerwohnungen zu, aus denen dadurch besser zu vermietende Dreizimmerwohnungen wurden.

Auch die Ausgaben für die Instandhaltung stiegen immer mehr an. 1971 wurde erstmals mehr als eine Million Mark für die Instandhaltung ausgegeben. Das entsprach einem Anteil von 30,23 Prozent der Mieteinnahmen.

Bequemere Wohnungen

Obwohl die Baukosten 1972 im Vergleich zu 1966 um 88 Prozent gestiegen waren, hielt der Bauboom unvermindert an. 659.700 Wohnungen wurden bundes-weit fertig gestellt, so viele wie nie zuvor. Die Steigerungsrate der Lebenshaltungskosten betrug acht Prozent.

„Eine Wohnung im sozialen Wohnungsbau zu finanzieren, für die eine tragbare Miete errechnet werden kann, ist heute kaum mehr möglich", hielt der Vorstand im Geschäftsbericht für 1972 fest. In der Gartenstadt wurden die Altenwohnungen Pachelbelstraße fertig gestellt.

Diese Wohnhäuser mit „Wettermantel" waren eine Neuheit. Erstmals in der Noris wurden die Bauten mit Styropor als Vollwärme-

Auch dieser Brunnen musste dem zunehmenden Verkehr am Finkenbrunn weichen.

Die Baugrube für das Sparkassengebäude an der Stelle des ehemaligen Verwaltungsgebäudes.

schutz umgeben. Bereits 1970 gab es 180 Bewerber für die 96 Wohnungen. Der Wunsch nach bequemeren Wohnungen war groß!

Steigende Ansprüche

Nach der Energiekrise 1973 verschärfte sich die Situation noch mehr. Wohnungssuchende hatten das erste Mal seit dem ersten Weltkrieg die Möglichkeit, bei der Suche nach einer Wohnung auszuwählen. „Man stellt seine Ansprüche, ist jedoch auch bereit, eine höhere Miete zu bezahlen. Besonders bei jungen Ehepaaren ist diese Tendenz auffällig", bemerkte der Vor-

Die Bauarbeiten am Hochhaus von der Paumannstraße aus betrachtet.

stand der Gartenstadt. Wohnungen, die den gehobenen Ansprüchen nicht entspra-

chen, waren kaum mehr zu vermieten, auch wenn sie billig waren. Durch den all-

134

gemeinen Trend, von kleinen Läden auf Supermärkte umzustellen, wurde es auch immer schwieriger, die vorhandenen Geschäftsräume neu zu vermieten.

Aus diesen Umständen zogen die Verantwortlichen einen wichtigen Schluss: Die Modernisierung der Gebäude würde künftig eine immer wichtigere Rolle spielen.

Öffentliche Mittel für Modernisierung

Auch Städteplaner erkannten in zunehmendem Maße, dass die Sanierung alter Viertel ebenso viel bringen kann wie der Bau neuer Wohnungen. Ein Modernisierungsgesetz war in Vorbereitung, so dass es auch für Modernisierung in Zukunft öffentliche Mittel geben sollte.

Rückläufiger Neubau

Die Neubautätigkeit war 1973 bereits stark rückläufig. Im Mai 1973 wurden die letzten 52 Altenwohnungen in der Pachelbelstraße bezogen. Durch den Ankauf von Grundstücken in Wendelstein und dem letzten Teil der Nachbarschaft M stellte die Genossenschaft jedoch sicher, dass sie die Neubautätigkeit kurzfristig wieder aufnehmen konnte.

Die Bewohner des Hochhauses mussten keine Kohlen mehr aus dem Keller holen. Die Wohnungen wurden elektrisch beheizt.

Blick vom Hochhaus auf den Eingangsbereich vor der Geschäftsstelle.

Seit 1965 praktizierte die Gartenstadt „echte" Modernisierung von Einzelobjekten bei Wohnungswechsel, um den Wohnwert der Immobilien zu sichern und zu erhöhen. Einen großen Anteil (80 Prozent) der Instandhaltungsarbeiten erledigte der genossenschaftseigene Reparaturbetrieb.

Leider wurde die Gartenstadt deshalb nicht als Modernisierungszone von der Stadt Nürnberg ausgewiesen, weil sie über dem Standard der Modernisierungsrichtlinien lag.

1000. Sparer

Am 27. April 1973 konnte die Spareinrichtung der Genossenschaft den 1000. Sparer begrüßen.

1976 übernahm die Genossenschaft die Betreuung des Neubaus der Zweigstelle Ecke Finkenbrunn/Julius-Loßmann-Straße für die Stadtsparkasse Nürnberg.

Schallschutzfenster

Der Verkehr am Finkenbrunn hatte enorm zugenommen. Deshalb erhielt die Genossenschaft für den Einbau von Schallschutzfenstern in die Anwesen Finkenbrunn 2-30, 3-35 und Julius-Loßmann-Straße 40-50 Zuschüsse von Stadt und Staat in Höhe von 42,5 Prozent. 10,5

Das neue Verwaltungsgebäude der Genossenschaft Gartenstadt.

Prozent übernahm die Genossenschaft, den Rest mussten die Mieter tragen.

Sanierungskosten

Zum ersten Mal fielen 1978 Kosten für Abdichtungs- und Isolierarbeiten an, die sich in den nächsten Jahren bei der Masse der eingesetzten Fertigteilbauten und Flachdächer noch drastisch erhöhen würde, so lautete die Vermutung.

Nachfrage stieg wieder

1978 war das preisstabilste Jahr seit 1969. Die Bautätigkeit konnte wieder Tritt fassen. Die Lücke im Wohnungsmarkt machte sich insofern bemerkbar, als auch wieder Altbauwohnungen gefragt waren, die teilweise in den letzten Jahren schwer zu vermieten gewesen waren. Vor allem die ständig zunehmende Nachfrage nach Zweizimmerwohnungen überraschte die Genossenschaft.

Auch der Mietwohnnungsbau wurde wieder angekurbelt. Wichtige Faktoren für den Aufschwung waren die günstige Zinsentwicklung und die öffentliche Förderung. Weitere positive Impulse gaben Modernisierungs- und Sanierungsprogramme, wie die für den Einbau von Schallschutzfenstern an stark befahrenen Straßen.

Gartenstadt im Wandel: Vom Dorf zur Weltstadt

Jetzt hat's auch die Gartenstadt erwischt: der „mächtig flutende Verkehr" hat sie eingeholt.

Das „Häusermeer" der Stadt hat sich mehr und mehr ausgedehnt und schickt sich an, sie ganz zu vereinnahmen und zu verschlucken.

Dabei ist die Gartenstadt um die Jahrhundertwende zur Abwehr gegen die „Verstädterung" errichtet worden.

Damals grassierte in Deutschland und ganz Europa eine richtige „Gartenstadt-Bewegung", die den pflastermüden Großstädter aus den „Mietskasernen" wieder auf die Mutter Erde, auf die „Scholle" verpflanzen wollte. Auf daß er dort in reiner Luft wieder Wurzeln schlage wie Petersilie und Rettich.

Die ersten Siedler wurden direkt bedauert, wenn sie jemand erzählten, wo sie wohnten. „Allmächt", hieß es, „dou draußen, wou si die Füchs' anander Gutnacht song!"

Hinter der MAN und dem Trafowerk dehnten sich damals nur Heideflächen und Steckeleswälder. Und die Ur-Gartenstadt war nur halb so groß wie der benachbarte Südfriedhof, aber doppelt so tot.

Doch gerade das war den Bewohnern recht. Sie freuten sich ihrer Idylle am Rand der Großstadt. Es ging zu wie in einem Dorf. Jeder kannte jeden. Und über die Gartenzäune hinweg tauschte man die Neuigkeiten des Tages aus: „Recht kalt heit!" „Ja, und su naß!" „Su richti naßkalt!" Dabei wurden die Leute alt und älter. Die gute Luft und die Gartenarbeit erhielten sie rüstig.

Im Krieg kam die Gartenstadt noch glimpflich davon. Obwohl sie dicht neben einem der größten Rangierbahnhöfe Deutschlands liegt und gleich daneben viele Flakbatterien feuerten. Die Bombenschäden waren auch bald wieder geheilt. Die Menschen gleichen da ja ein wenig den Ameisen, die ihre Hügel auch nach jeder Störung gleich wieder in Ordnung bringen...

Doch nun, mitten im sogenannten Frieden, geht's der Gartenstadt-Idyllik an den Kragen.

Es begann ganz sacht mit dem zweimaligen Wiederaufbau der Rangierbahnhof-Brücke, die vorher nur ein besserer Steg war, mit dem Ausbau der Minervastraße, mit der Planung für den neuen Kanalhafen.

Jetzt schlägt man quer durch die Gartenstadt eine breite Bresche als Zufahrt zum Hafen. Ein Hochhaus schaut verwundert auf die Zwerghäuschen mit tief herabgezogenen Dächern ringsum.

Wenn die Untergrundbahn fertig ist, dann wird auch noch die letzte Nabelschnur zwischen der Gartenstadt und der Innenstadt von Nürnberg getrennt: Die Straßenbahnschienen verschwinden und die Straßenbahn sagt ade.

Freilich — es kommen dafür Omnibusse. Aber für die muß erst einmal Platz geschaffen werden in den engen, gewundenen Straßen, die für keinen Durchgangsverkehr gedacht waren. Eine Menge Vorgärten werden dran glauben müssen bei der „Erschließung" der Gartenstadt.

Daher kann man den Bewohnern nur raten, jetzt noch tüchtig die Lungen vollzupumpen von der guten, dünnen Luft.

Sie wird bald dicker werden, wenn erst einmal die Industrieanlagen am Kanalhafen in die Höhe wachsen: chemische Werke, Ölraffinerien, vielleicht sogar ein Stahlwerk. Die Gartenstadt liegt genau östlich dieses neuen Industriegebietes und wir haben meistens Westwind.

Nun hat es gewiß keinen Zweck, alten Zeiten nach-

Das Bett des Ludwig-Donau-Main-Kanals ist zwischen Finkenbrunn und Minervastraße zugeschüttet worden. Später soll einem Stadtratsbeschluß zufolge daraus eine Grünanlage werden. Später, das heißt:

zutrauern. Sicher wird auch die zukünftige Entwicklung nicht ausschließlich Nachteile sondern (vielleicht) auch ein paar Verbesserungen bringen.

Aber die Absichten der Gründer und der Siedler-Pioniere sind gründlich gescheitert. Das hätten sie sich nicht gedacht, daß ihr grünes Idyll schon nach ein paar Jahrzehnten von brei-

wenn die Geldmittel dafür vorhanden sind. Vorerst fehlen sie noch. Damit auch danach noch die Nachwelt weiß, daß hier einst der Kanal floß, wird die Rasenfläche „eingemuldet". Die beiden Schleusen, die sich

ten Durchgangsstraßen eingeschnürt und zwischen Rangierbahnhof und Europakanal eingeklemmt würde.

Bald wird sich die Gegend in ein Knäuel von Autobahnen, Brücken, „Kleeblättern" für Auf- und Abfahrt verwandeln.

Mit Recht schüttet man gegenwärtig den alten Ludwigskanal zu und ver-

jetzt noch als tiefe Viereck darbieten, sollen aus denkmalspflegerischen Gründen erhalten bleiben. Man w sie soweit auffüllen, daß die Mauern als Sitzbänk verwendet werden könne
Foto: Fisch

tilgt seine letzten Rest Dieser gemütliche Wasse lauf mit den baumbesta denen Treidelpfaden pa wirklich nicht mehr in d „Landschaft".

Und im Jahr 2000 werd die Großväter und die Großmütter ihren Enke kindern ein schönes Mä chen erzählen: „Es w einmal eine Gartens stadt..."
M

Nürnberger Anzeiger vom 27. April 1972.

Zum Bild auf Seite 139 gehört dieser Text aus dem Nürnberger Anzeiger vom 19.-25. August 1971:

"Im Anflug von Südosten entstand dieses Luftbild, das wie kaum ein anderes zu zeigen vermag, wie nahe die Wasserstraße an die Wohnsiedlung im Grünen herangewachsen ist. Im Vordergrund unten die Kreuzung der Julius-Loßmann-Straße und des Finken-brunn mit dem ersten von vier neuen Hochhäusern der Baugenossenschaft Gartenstadt an der Paumannstraße. Am Ende der Wohnbebauung (Bildmitte) ist vor dem Sportplatz noch der von Bäumen begrenzte Verlauf des alten Ludwig-Donau-Main-Kanals zu erkennen. Dahinter beginnt das Areal des Europahafens, der am 23.10.1972 bereits in Betrieb gehen soll. Die vor kurzem halbseitig mit zwei Spuren freigegebene nördliche Hafenstraße überbrückt den Kanal (oben rechts). Für sie, Teilstrecken der neuen B2 und der Stadtautobahn hat die Stadt bislang 20 Mio DM aufgewendet. Derzeit laufen die Gleisverlegungsarbeiten. Vorne an der Wasserstraße befindet sich neben der Brücke an der Kaimauer eine Lände. Ihretwegen ist der Kanal hier 70 Meter breit. Das dahinterliegende Hafenbecken ist 1,1 Kilometer lang und 100 Meter breit. Die vorerst noch kahle Fläche im Südwesten hinter dem Ankerplatz wird in Kürze für die Industrialisierung freigegeben. Einen Monat später soll auch das Gelände zwischen dem Kanal und dem Hafen selbst für die gleichen Zwecke zur Verfügung stehen. Man rechnet damit, dass hier in den nächsten beiden Jahren ebenso hohe Investitionen erfolgen, wie sie bislang die öffentliche Hand tätigte. Sie gab 100 Mio DM für dieses Zukunftsprojekt aus."

„Die Stadt drückt ihr verlorenes Kind ans Herz"
Gedanken zum 75-jährigen Jubiläum der Gartenstadt

Die Gartenstadt bietet zu jeder Jahreszeit reizvolle Aus- und Einblicke.

„Vielleicht wäre in diesem Zusammenhang noch ein Wort über die Gartenstädter zu sagen, die Gartenstädter an sich. Es handelt sich um keine eigene Rasse, dazu war die Entwicklungszeit von 75 Jahren zu kurz. Bei den „Pionieren" auf dem sandigen Heideboden, den Gründungsmitgliedern, konnte man noch von einer Art „Arbeiter-Aristokratie" sprechen, doch haben viele nivellierende Tendenzen auch diesen Begriff schon recht verwaschen und verwischt.

Die Gartenstädter von heute sind Menschen wie du und ich. Es gibt Nass- und Trockenrasierer unter ihnen, Hundefreunde und Hundegegner, Katzennärrinnen und Katzenhasse-rinnen, Skatspieler und Briefmarkensammler. Eines ist ihnen gemeinsam und vereint sie über alle individuellen Unterschiede hinweg zu einer großen Familie: die Liebe zur Natur und die Freude an der lebendigen Umwelt. Mag manches Gärtchen nur schmal wie ein Handtuch sein, es grünt so grün und es sprießt und blüht das ganze Jahr hindurch, Vögel kommen zur Tränke und Eidechsen sonnen sich – die Gartenstädter fühlen sich einbezogen in den Kreislauf der Natur. Das färbt auch auf den Alltag ab, man begegnet einander mit Duldsamkeit und Wohlwollen, man nimmt Anteil aneinander – wie in einer großen Familie von Gleichgestimmten und Gleichgesinnten.

Wie geht's weiter? Das weiß heute noch niemand. Doch die Weichen für die Zukunft sind schon gestellt. Sie führen – leider, werden viele sagen – weg von dem etwas weltabgeschiedenen Idyll der Jahrhundertwende und der Jahrhundertmitte. Der Europa-Kanal zieht an der Gartenstadt entlang, Autobahnzubringer und Südwest-Tangente, eine wahre Spielwiese von Kleeblättern und Asphaltbahnen haben sie eingekreist und schon durchschnitten, die Stadt drückt ihr verlorenes Kind immer kräftiger ans Herz. Hoffentlich geht ihm dabei nicht die Luft aus... G. Mörsberger

Aus: 75 Jahre Gartenstadt.

Stockzahn bleibt einsam

Hochhauspläne 1985 vom Denkmalschutz gestoppt

Bedenken von Seiten des Denkmalschutzes bewegten die Stadtplaner Anfang der 80er Jahre dazu, den Bebauungsplan für die Gartenstadt zu ändern. Statt der geplanten Hochhäuser sollten nun doch die Siedlungshäuschen der Gartenstadt erhalten bleiben.

Der erste Neubau nach zehn Jahren: Die Mietwohnungen am Franz-Reichel-Ring wurden öffentlich gefördert.

Bautafel für das Projekt Franz-Reichel-Ring 110-114.

Nachdem die Gartenstadt seit 1973 aufgrund der politischen und wirtschaftlichen Rahmenbedingungen, wie hohen Zinsen und fehlenden Fördermitteln, keine Neubauten mehr in Angriff nehmen konnte, fand 1983, im Jahr des 75-jährigen Bestehens der Genossenschaft, die Ausschreibung für den Bau von 38 Mietwohnungen am Franz-Reichel-Ring statt.

Die grüne Umgebung und der versetzte Baustil der Neubauwohnungen ergaben ein positives Gesamtbild.

Satteldach statt Flachdach

Städtebaulich sollten die Häuser so angeordnet sein, dass durch die halbgeschossige Versetzung der Wohnebenen auf die vorhandene Hanglage Rücksicht genommen wurde. Anstelle der sonst üblichen Großtafelbauweise mit Flachdach sollten diese Häuser in Mauerwerksbau mit Satteldach errichtet werden. Bezogen werden konnten die 38 Wohnungen im Juli 1984. Die Nutzungsgebühr lag bei 6,20 DM pro Quadratmeter bzw. bei 5,90 DM bei Vierzimmerwohnungen und der Behindertenwohnung. 26,8 Prozent der Baukosten brachte die Genossenschaft aus Eigenmitteln auf.

Wärmedämmung

Immer wichtiger waren in den letzten Jahren die

An der Schwarzlach 15-17 vor dem Umbau.

Nach der Sanierung warteten attraktive Wohnungen auf die Nutzungsberechtigten.

Instandhaltungs- und Modernisierungsarbeiten geworden, wofür die Genossenschaft auch eigenes Kapital einsetzen musste. Alleine im Jahr 1981 beliefen sich die Instandhaltungskosten auf 1.830.507 DM. Das entsprach 3,87 DM pro Quadratmeter und lag 44 Prozent über den kalkulierten Instandhaltungspauschalen in Höhe von 1.265.139 DM. Der Rest wurde aus Eigenmitteln finanziert. Nach und nach wurde der Altbaubestand wärmegedämmt und erhielt neue isolierverglaste Kunststofffenster.

Zeitgemäßer Umbau

Neue Wege ging die Gartenstadt bei der Sanierung von Bauten aus der Nachkriegszeit. In den Anwesen „An der Schwarzlach" 15/17 wurden 1952 erstellte Kleinwohnungen in zeitgemäße Wohnungen umgestaltet.

Das begann mit der Raumaufteilung, erstreckte sich über den Schall- und Wärmeschutz und reichte bis zum Einbau einer gasbetriebenen Heizung. In diesem Zuge wurden auch nicht mehr benötigte Kaminblöcke abgetragen.

Die ersten umgebauten Wohnungen konnten bereits am 1. März 1981 bezogen werden. Hier wurden sogar noch Küchenblöcke eingebaut, was bei den im Herbst 1985 fertig gestellten Anwesen „An der Schwarzlach" 19/21 nicht mehr der Fall war, da inzwischen die Kücheneinrichtung aus den Wohnungsbauförderungsbestimmungen gestrichen war.

Einkaufsmöglichkeiten

Um die Einkaufsmöglichkeiten für die Gartenstädter weiter zu verbessern, baute die Genossenschaft den von coop betriebenen Selbstbedienungsladen am Finkenbrunn 34/36 um und erweiterte ihn auf rund 400 Quadratmeter.

Der auf Haustiefe vorhandene Laden wurde um drei bis vier Meter auf die Straße hinausgezogen. In Richtung Grünfläche erfolgte der Anbau einer isolierverglasten Metallrahmenkonstruktion auf einer Länge von zehn Metern. Der Verkauf ging auch während des Umbaus weiter.

„Frostige" Zeiten

„Die Bauwirtschaft befindet sich auf unbegrenzter Talfahrt. Aber auch für die gemeinnützige Wohnungswirtschaft sind die Zeiten so frostig wie der vergangene Winter." Diese Feststellung traf der Vorstand der Gartenstadt im Geschäftsbericht für 1984. Es gebe nicht zu viele Sozialwohnungen, sondern nur zu teure.

„Mit der Sicherung der Bestände übersteht man jede Wende", riet deshalb Verbandsdirektor Tepper.

Wohnungsgrundrisse An der Schwarzlach 15-17.

Als „reine Kosmetik" bezeichnete die Wohnungswirtschaft auch die Herausnahme der Betriebskosten aus der Nutzungsgebühr nach Änderung der Neubaumietenverordnung vom 5. April 1984. Danach forderte der Gesetzgeber ab 1. Januar 1987 die gesonderte Abrechnung von Miete und Betriebskosten.

145

Renoviertes Bad.

Der Supermarkt nach dem Umbau.

„Stockzahn bleibt einsam"

Eine gute Nachricht für Freunde historischer Bausubstanz gab es im Herbst 1985: „Das 17stöckige Hochhaus an der Ecke Julius-Loßmann-Straße/Paumannstraße wird auch in Zukunft als einsamer „Stockzahn" in den Himmel ragen", berichtete der Nürnberger Anzeiger am 12. September 1985. „Statt der zusätzlich geplanten Wohn- und Geschäftstürme dürfen auch weiterhin die kleinen Siedlungshäuschen das Bild der Gartenstadt prägen."

So sah es der geänderte Bebauungsplan vor, der zu dieser Zeit im Stadtpla-

nungsamt auslag. Die Abkehr von den Hochhausgedanken sei den Stadtplanern auch deshalb leicht gefallen, weil die Siedlungshäuschen beiderseits der Straße am Finkenbrunn mittlerweile als Baudenkmale in den Entwurf der Denkmalliste aufgenommen wurden, so der Bericht weiter.

Gemeinnützigkeit aufgehoben

Seit 1983 ging die Zahl der neu erstellten Wohnungen rapide zurück. Das Jahr 1988 war der Tiefpunkt in der Bauentwicklung der Nachkriegszeit. Alleine in Nürnberg fehlten 8.400 Wohnungen. „Jungverheiratete Ehepaare müssen getrennt bei

ihren Eltern leben, weil sie keine Wohnung finden. Ältere Ehepaare befürchten, es könne wieder zu einer Zwangsbewirtschaftung von Wohnraum wie nach dem Krieg kommen", berichteten die Nürnberger Nachrichten am 6. Oktober 1988.

Trotz groß angelegter Protestaktionen beschloss die Bundesregierung zum 1. Januar 1990 die Aufhebung des Wohnungsgemeinnützigkeitsgesetzes (WGG). Als reine Selbsthilfeeinrichtung ihrer Mitglieder waren die Genossenschaften danach zwar weiterhin von der Körperschaftssteuer befreit. Sie durften ihre Wohnungen jedoch nur noch an Mitglie-

Das Luftbild aus dem Jahr 1983 zeigt, wie der vierspurig ausgebaute Finkenbrunn die Gartenstadt durchschneidet.

der vermieten oder verkaufen und höchstens zehn Prozent ihrer Einnahmen aus anderen Quellen (z.B. der Baubetreuung für Dritte) erzielen. Nach Ablauf des Optionsjahres musste sich die Genossenschaft entscheiden, ob sie ab 1. Januar 1991 als voll steuerpflichtiges Unternehmen oder als teilsteuerpflichtige „Vermietungsgenossenschaft" agieren wollte.

Nach sorgfältigen Untersuchungen entschieden Vorstand und Aufsichtsrat der Gartenstadt, das Unternehmen voll steuerpflichtig weiterzuführen.

Ob beim jährlich im August stattfindenden Winkerlas-fest (oben rechts), bei einem der zahlreichen Kurs-angebote (links: Töpferkurs) oder kulturllen Veranstal-tungen (rechts: ein japanisches Schulorchester): Der Kulturladen (oben links) bereichert seit 1990 das gesellschaftliche Leben in der Gartenstadt.
Fotos: Kulturladen

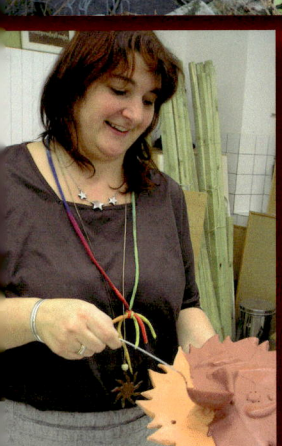

Der Kulturladen Gartenstadt
Bereicherung des gesellschaftlichen Lebens

Eingebettet in den traditionsreichen Stadtteil mit seinen großzügigen Grünanlagen und Hausgärten, ist der Kulturladen Gartenstadt seit 1990 ein Treffpunkt für junge und ältere Menschen (nicht nur) aus der näheren Umgebung.

Er bietet ein breites Spektrum (sozio-)kultureller Leckerbissen, das vom Kindertheater über Kabarett bis hin zu künstlerischen Projekten und Ausstellungen reicht. Sehr beliebt sind seit über fünf Jahren die Volksmusikreihe, die Rocknstubn und der Singkreis. Ein umfangreicher, vielseitiger Gruppen- und Kursbereich für alle Altersstufen erweitert und bereichert das kulturelle Programm, das durch den überaus engagierten Kulturförderverein Garten-

stadt e.V. unterstützt wird. Vom Baumschnittkurs über die Töpfergruppe bis zur Wirbelsäulengymnastik findet sich ein Angebot für jeden Geschmack.

Die Geschichtswerkstatt, ein „Urgestein" im kulturellen Stadtteilleben, ruft Erinnerung und Geschichte ins Bewusstsein der Bewohnerinnen und Bewohner. Seit Jahren erfolg- und ideenreich sind auch die Mitglieder der beiden selbstorganisierten Fotogruppen mit eigenem Labor.

Interessierte sind jederzeit herzlich eingeladen, im Kulturladen vorbeizuschauen. Vor allem das Stadtteilfest und der Weihnachtsmarkt eignen sich gut zum Kennenlernen.

Mit Maurerkelle
und Wasserwaage

Selbsthilfeprojekt am Franz-Reichel-Ring

Den ursprünglichen
Gedanken genossenschaft-
licher Selbsthilfe nahm die
Gartenstadt gut 80 Jahre
nach ihrer Gründung ganz
wörtlich und beschritt mit
dem Selbsthilfeprojekt am
Franz-Reichel-Ring mutig
bauliches Neuland.

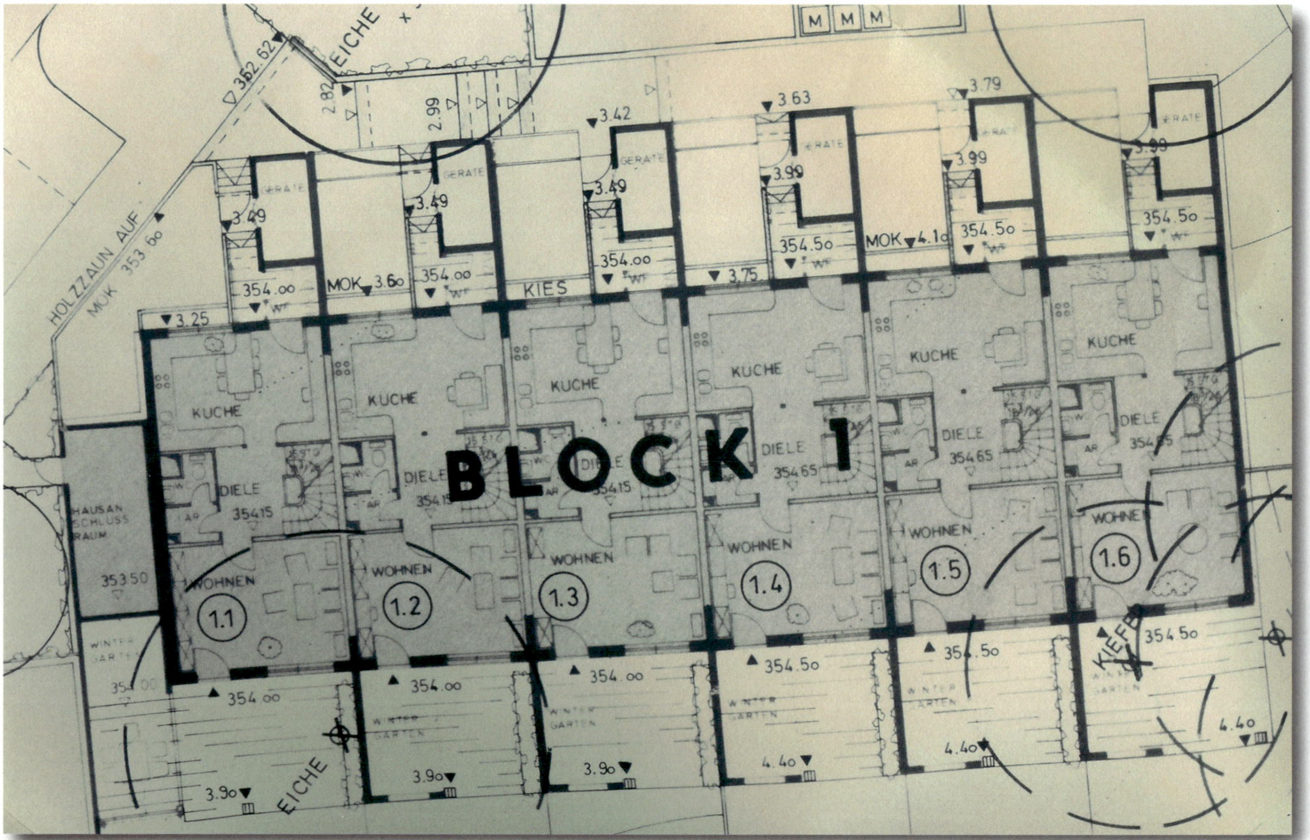

Bauplan für den ersten der vier Blocks des Selbsthilfe-Projekts am Franz-Reichel-Ring.

Bautafel für das Projekt Franz-Reichel-Ring 110-114.

Selbsthilfe statt Kapital

Ursprünglich sollten auf dem Gelände am Franz-Reichel-Ring fünf Hochhäuser mit jeweils neun Stockwerken errichtet werden. Anfang der 80er Jahre kippte diese Planung, 1989 wagte sich die Gartenstadt an ein ungewöhnliches Projekt: Gemeinsam mit der Stadt Nürnberg wurde der Versuch gewagt, eine Selbsthilfemaßnahme auf genossenschaftlicher Basis durchzuführen. Beweggründe dafür waren, dass sich viele Familien mit Kindern trotz Selbsthilfe kein Eigenheim leisten konnten.

Finanziert wurde das Bauvorhaben durch eine Hypothek, öffentliche Baudarlehen von Stadt und Land, Selbsthilfe und Eigenkapital der Genossenschaft. Die anfängliche Nutzungsgebühr sollte DM 5,70 pro Quadratmeter betragen.

Neben dem Rüsternweg an der Südwesttangente, den Siedlungen Frank-Wedekind-Straße in Langwasser und Römerstraße in Kornburg war dies das erste genossenschaftliche Selbsthilfeprojekt in Nürnberg.

Familien bildeten Gruppen

Der Ansturm interessierter Familien war enorm: Über 50 Bewerber wollten Maurerkelle und Wasserwaage selbst in die Hand nehmen. Ausgewählt wurden vor allem kinderreiche und junge Familien, deren Einkommen sie zum Bezug einer Sozialwohnung berechtigte.

Nachdem eine Baufirma den Erdaushub gemacht hatte, begann die Arbeit für die Selbsthelfer am 29. Juli 1989.

Die Silos für Fertigmörtel (rechts) waren ein neuralgischer Punkt beim Selbsthilfeprojekt.

Die Zwischendecke zog eine Zimmermannsfirma ein.

Die Selbsthilfe wurde in kleinen Gruppen von jeweils drei Familien organisiert. Angefangen bei den Arbeitsschuhen über Bauhelme bis hin zu Kellen, Hämmern und Mörtelfässern stellte die Genossenschaft sämtliches Material.

Zu leisten waren von den Selbsthelfern, die teilweise handwerklich versiert waren,

151

Der Aufsichtsrat besichtigte die Baustelle.

Kurz vor dem Wintereinbruch konnte das Dach gedeckt werden.

sämtliche anfallenden Arbeiten außer Zimmermannsarbeiten, Erdaushub, Bodenplatte, Elektro, Sanitär und Heizung. Diese Arbeiten erledigten Fachfirmen. Im Laufe des Projekts stellte sich dann heraus, dass auch die Putzarbeiten nicht von den Selbsthelfern geleistet werden konnten. Sie mussten zusätzlich an Fachfirmen

vergeben werden. „Die Selbsthelfer haben die ihnen gestellten Aufgaben zum großen Teil mit viel Geschick gelöst", zog der Vorstand 1990 eine Zwischenbilanz.

Bereits damals zeichneten sich jedoch Verzögerungen und Kostenüberschreitungen ab, so dass die Eigenheime erst im Sommer 1991, nach zwei Jahren harter Arbeit für alle Beteiligten, bezogen werden konnten.

Dauernutzungsrecht

Rund 3.000 Arbeitsstunden steckte jede Familie in den Bau. Die Häuser blieben im Eigentum der Genossenschaft Gartenstadt, deren Mitglieder von jeher ein Dauernutzungsrecht genießen. Die Nutzungsgebühren für die Häuser waren entsprechend niedrig und konnten durch Eigenleistung beim Innenausbau noch weiter reduziert werden.

Wohnen im „eigenen" Haus

Wer Eigenkapital hatte, steckte es in eine bessere Innenausstattung. Auch individuelle Grundrisse – die Pläne stammten vom Architekturbüro Fritsch und Knodt – waren möglich. Für die Selbsthelfer war deshalb klar: „Wir wohnen im eigenen Haus".

Über architektonisch anspruchsvolle Reihenhäuser freuten sich die Selbsthelfer nach zwei Jahren harter Arbeit.

„Eine Erfahrung, die ich nicht missen möchte."
Bauleiter Klaus Schönholz erinnert sich an das Projekt

Bauleiter Klaus Schönholz (Mitte) in Aktion.

Als am 29. Juli 1989 der Startschuss für das Selbsthelfer-Projekt am Franz-Reichel-Ring fiel, war für Bauleiter Klaus Schönholz von der Wohnungsbaugenossenschaft Gartenstadt klar, dass er in nächster Zeit keinen Urlaub mehr würde machen können.

Bis zu 150 Helfer waren am Wochenende auf der Baustelle, die alle auf seine Anleitung warteten. Von morgens um sieben Uhr bis abends um 20 Uhr war er an sechs Tagen pro Woche im Einsatz – nicht nur als Bauleiter. Vielmehr musste er mit pädagogischem Geschick die teilweise unerfahrenen Helfer anleiten, mit psychologischem Feingefühl nach Hunderten von Arbeitsstunden die Feierabend-Bauarbeiter motivieren und nicht zuletzt mit salomonischem Urteilsvermögen Streit schlichten.

Die Selbsthelfer-Baustelle verlangte ihm als Bauleiter etwa drei Mal so viel Arbeit ab wie eine „normale" Baustelle. Während Fachfirmen ihr Material und ihr Werkzeug selbst mitbringen, musste er dafür sorgen, dass die Selbsthelfer stets alles hatten, was sie für ihre Arbeit benötigten. „Am meisten Probleme hatten wir mit den Silos für Fertigmörtel", erinnert sich der Bauleiter. Diese waren ständig verstopft, weil sich niemand verantwortlich gefühlt habe, sie sauber zu halten.

Natürlich lief nicht alles nach Plan. Der Materialverbrauch der ungeübten Selbsthelfer war so groß, dass man davon noch zwei weitere Häuser hätte errichten können. Auch die Bauzeit verlängerte sich wesentlich. Schließlich musste man feststellen, dass manche Arbeiten, wie z.B. das Verputzen, doch von Fachfirmen ausgeführt werden mussten.

Dennoch erinnert sich Klaus Schönholz gerne an die Baustelle zurück. „Es war eine Erfahrung, die ich nicht missen möchte", sagt er rückblickend. Schließlich habe es weder größere Unfälle noch Ehescheidungen gegeben. „Und die gemeinsame Arbeit hat die künftigen Bewohner zusammengeschweißt".

Aus Kleinwohnungen werden Einfamilienhäuser

Umbaumaßnahmen schaffen attraktiven Wohnraum

Während Wohnraum für Familien nach wie vor gesucht war, ging die Nachfrage nach kleineren Wohnungen in den 90er Jahren stark zurück. Die Gartenstadt schuf deshalb Wohnraum im Einfamlien-haus-Charakter.

Karl-Rorich-Straße 12 nach der Modernisierung. Bis 1991 waren alle Gebäude aus den 50er Jahren im Gebiet der Armin-Knab-Straße, Karl-Rorich-Straße und Pachelbelstraße modernisiert.

Steuerpflicht ab 1991

Mit dem Abschluss des Jahres 1990, das als so genanntes „Optionsjahr" galt, lief die Steuerfreiheit der Wohnungsgenossenschaften im Rahmen des früheren Wohnungsgemeinnützigkeitsgesetzes aus. Die Gartenstadt unterlag ab dem 1. Januar 1991 der Steuerpflicht.

In diesem Zuge hat die Genossenschaft die Verwaltung der elf Wohnungseigentümergemeinschaften mit 362 Eigentumswohnungen und der Teilerbbauberechtigtengemeinschaft mit 19 Garagen aufgeben. Ebenso wurde die ARGEWO (Arbeitsgemeinschaft für Wohnungsbau) zum 31. Dezember 1991 aufgelöst, an der die Gartenstadt zusammen mit der Wohnungsgenossenschaft Sigmund Schuckert, der WBG Nürnberg und der Treuhandgesellschaft München beteiligt war.

Wertzuwachs

Von dem aufzuteilenden Vermögen fielen der Gartenstadt 154 Wohneinheiten und 18 Garagen zu. Damit erfuhr die Genossenschaft einen Wertzuwachs von über 21 Millionen DM. Mit der Zustimmung der Vertreterversammlung beschloss die Verwaltung, sich weiterhin gemeinnützig zu verhalten.

Betriebskostenabrechnung

Bereits Anfang der 90er Jahre zeichnete sich ab, dass die Ausgaben für Betriebskosten stark zunehmen würden. Nach und nach stellte die Genossenschaft ihre Wohneinheiten deshalb von Pauschalbeträgen auf Betriebskostenabrechnung um. Bis auf wenige Einzelobjekte war der gesamte Bestand von 2.432 Wohneinheiten bis 1995 auf Betriebskostenabrechnung umgestellt.

Einzelmodernisierungen

Instandhaltung und Modernisierung waren zur Hauptaufgabe der Genossenschaft geworden. Bereits 1991 waren alle in den 50er Jahren erbauten Mehrfamilienhäuser im Gebiet Armin-Knab-, Karl-Rorich- und Pachelbelstraße modernisiert. 1992 erreichte die Genossenschaft mit Ausgaben von über sieben Millionen Mark für Modernisierung und Instandhaltung einen Spitzenwert in ihrer Geschichte.

Ein Großteil des jährlich zur Verfügung stehenden Etats für Instandhaltung und Modernisierung wurde in-

Regenbogenstraße 181-187 vor der Modernisierung.

Blick in die Regenbogenstraße nach der Modernisierung.

zwischen von Einzelmodernisierungen bei Wohnungswechseln beansprucht. Meist wurden Etagenheizungen eingebaut, Bäder, Fenster oder Fußböden erneuert. Diese Kosten waren schwer kalkulierbar, da die Zahl der Wohnungskündigungen und der technische Zustand

Moderne Neubauten an der Regenbogenstraße 154a-156o: Die Wohnungen im Maisonettestil waren bei den Mitgliedern der Gartenstadt sehr begehrt.

Abwechslungsreiche Architektur kennzeichnete die Neubauten.

Insgesamt 46 Wohnungen entstanden bis Ende 1997.

dieser Wohnungen im Voraus nicht abzusehen waren.

Trotz der wirtschaftlich schwierigen Zeiten wagte sich die Genossenschaft noch einmal an einen Neubau. Plangemäß wurden die neu erbauten Wohnungen an der Regenbogenstraße 154a bis 156o bis Ende 1997 bezogen. Die Genossenschaft investierte rund 9,5 Millionen DM in diese

Baumaßnahme nach Plänen der Architekten Fritsch & Knodt, von der 34 Wohnungen (zwei, drei und vier Zimmer) mit öffentlichen Mitteln des dritten Förderungsweges erstellt wurden. Zwölf weitere Dreizimmerwohnungen waren frei finanziert.

Begehrter Maisonettestil

Die Vermietung erfolgte trotz der nicht gerade billigen Nutzungsgebühr von 12 DM pro Quadratmeter ohne Probleme. Vor allem die 20 im Maisonettestil errichteten Wohnungen waren sehr gefragt. Beim bundesweit ausgeschriebenen Bauherrenpreis erreichte die Baumaßnahme einen der vorderen Ränge.

Minervastr. 88-92.

Obwohl sich die allgemeine Lage am Wohnungsmarkt verbessert hatte, fehlten Mitte der 90er Jahre nach wie vor preiswerte Familienwohnungen im Großraum Nürnberg. Dagegen gestaltete sich die Vermietung kleinerer Wohnungen zunehmend schwieriger.

Attraktiv für Familien

Daher entschloss sich die Genossenschaft, die bisher aus 12 Zweizimmerwohnungen bestehenden Gebäude Minervastr. 88-92 im Einfamilienhaus-Charakter umzubauen, so dass sechs Einheiten entstanden. Dabei wurden zwei übereinander liegende Wohnungen mit einer Wendeltreppe verbun-

den, die auch in den jetzt ausgebauten Dachraum führte. Neben der Wendeltreppe war jedes Stockwerk zusätzlich über das Treppenhaus zu erreichen. Der vorhandene Hofraum und Wäscheplatz sollte zu Hausgärten umgestaltet werden. Auf diese Weise wurden aus kleinen, nur schwer vermietbaren Wohnungen attraktive Heime für junge Familien.

Am 1. Mai 1999 konnten die Häuser bezogen werden. Die Baukosten beliefen sich auf 1.962 DM pro Quadratmeter (626 qm). Da mit dieser Umbaumaßnahme Neuland beschritten wurde, war es erfreulich, dass die ursprünglich angesetzte Kosten-

kalkulation nur um 3,12 Prozent überschritten wurde. Denn der Zustand des im Zuge des Marshallplans 1954 erbauten Gebäudes brachte einige unvorhergesehene statische Probleme mit sich, deren Lösung einen erheblichen Aufwand erforderte.

Über acht Millionen DM investierte die Genossenschaft 1998 in die Modernisierung und Instandhaltung. Ein großer Teil davon floss in die Wärmedämmung und Dacherneuerung, zum Beispiel am Franz-Reichel-Ring.

Anfang der 70er Jahre wurden die Wohnblöcke in damals modernem Sichtbeton

159

Mit der Modernisierung am Raupenschlag erzielte die Gartenstadt einen Preis beim Fassadenwettbewerb der Sparkasse Nürnberg.

Regenbogenstraße 16.

erbaut. Ungenügender Wärmeschutz führte zu Feuchtigkeitsproblemen in den Wohnungen. 1998 wurden die Hausnummern 19, 31 und 33 an der Eingangsseite mit Wärmedämmung versehen und gleichzeitig ein gelungenes Farbkonzept umgesetzt.

Die wirtschaftliche Situation, bedingt durch hohe Arbeitslosigkeit, spiegelte sich in den Forderungen aus Nutzungsgebühren wider. 1998 stieg die Summe um 45 Prozent auf über 62.000 DM an.

Neue Anforderungen

„Der Auftrag, guten Wohnraum für breite Bevölkerungskreise zu schaffen, ist nach wie vor eine bedeutende Aufgabe für die ehemals gemeinnützigen Wohnungsunternehmen", schrieb der Vorstand im Geschäftsbericht für das Jahr 1998.

Die Wohnungswirtschaft müsse sich in den kommenden Jahren mit gesellschaftlichen Entwicklungen befassen. Die Bewohnerschaft verändere sich. Immer größere Gruppen der Bevölkerung stellten besondere Ansprüche und Anforderungen, neue technische Entwicklungen müssten bedacht werden und auch in sozialpolitischer Hinsicht stellten sich neue Aufgaben. Veränderte Wohnungstypen würden gefragt sein.

So stellte der Vorstand beispielsweise eine Renaissance „der guten alten Wohnküche" fest. Neben persönlichen Merkmalen würde der Arbeitsplatz ein dominierendes Kriterium darstellen. Eine Verlagerung der Tätigkeit in die Wohnung durch Einsatz elektronischer Medien sei bereits im Gange. Dieses Szenario werde sich noch erheblich verstärken. Schließlich sei die Ökologie nicht zu vergessen.

Um langfristig die Vermietbarkeit zu sichern und den Verwaltungsaufwand zu mindern, da die Fluktuation bei größeren Wohnungen geringer ist, investierte die Genossenschaft weiterhin in die Modernisierung ihres Bestandes.

Mit 8,07 Millionen DM setzte sie im Jahr 2000 knapp die Hälfte der Einnahmen aus der Nutzungsgebühr zur Verbesserung der Wohn-

Heckenweg 12.

Ärztehaus am Raupenschlag 13.

struktur ein. Kleine Wohnungen sollten langfristig mit daneben liegenden Wohnungen zu größeren Einheiten verschmolzen werden. Ein Umbau von Wohnungen im Maisonette-Stil sowie im Einfamlienhaus-Charakter wurde außerdem weiter verfolgt. Dieses Programm ist Mitte des Jahres 2006 abgeschlossen worden. Insgesamt acht Wohnblöcke mit 96 Kleinwohnungen wurden zu 48 Einfamilienhäusern umgebaut.

Zur Verbesserung der Umfeldstruktur wurden ebenfalls Mittel eingesetzt. So wurden Zug um Zug neue Briefkastenanlagen aufgestellt, Mülltonnenstandplätze eingerichtet und Gartenwege saniert.

Preise bei Wettbewerben

Große Anerkennung erntete die Arbeit der Genossenschaft auch bei zahlreichen Wettbewerben. Beim Fassadenwettbewerb der Sparkasse Nürnberg räumte die Gartenstadt alleine im Jahr 2000 gleich drei Preise ab. Als besonders gelungene Sanierung eines Nachkriegsbaus wurde der Umbau der Minervastr. 88-92 mit einer Auszeichnung gewürdigt. Die Paumannstr. 129-133 wurde mit dem dritten Preis bedacht. Einen zweiten Platz gab es für das Ärztehaus im Raupenschlag.

Der Umbau von Mehrfamilienhäusern in Wohnraum mit Einfamilienhaus-Charakter erwies sich als

sehr erfolgreich. Zu Beginn des neuen Jahrtausends wurden einige dieser Vorhaben in Angriff genommen, z.B. am Finkenbrunn 65-69, 38-42, 44-48 und 65-69. Dabei wurden alle statisch wichtigen und dem Schallschutz dienenden Wände als massive Kalksandsteinwände neu erstellt, der Dachstuhl erneuert und alle Tragwände im Dach mit einem betonierten Ringanker versehen.

So konnte der Baukörper wesentlich stabilisiert werden und die teuren und nicht kalkulierbaren statischen Sicherungsmaßnahmen wie bei den Vorgängerbauten konnten ausgeschlossen werden. Trotz der relativ hohen Miete von 6,50 Euro für den Quadratmeter waren die etwa

Nach einem Diebstahl wurde die Brunnentaube im Jahr 2000 wieder ersetzt.

Minervastr. 80-86 Rückansicht.

120 Quadratmeter großen Wohnungen bereits bei Baubeginn fest vergeben.

Neue Wege beschritt die Gartenstadt bei der Sanierung der Armin-Knab-Str. 4. Um die Kohlendioxid-Belastung zu vermindern, brachte die Genossenschaft hier erstmals eine Solaranlage für die Versorgung mit Warmwasser auf dem Dach an. Außerdem wurde ein barrierefreier Zugang zu dem Anwesen geschaffen, das speziell für ältere Mitglieder erbaut worden war.

Nachdem die extrem kostenintensiven Sanierungen am Franz-Reichel-Ring, an der

Sonnenplatz 8-14.

Pachelbelstr. 118 und der Armin-Knab-Str. 4 abgeschlossen waren, konnte die Instandsetzung von Dach und Fassade im Einfamilienhaus-Bereich mit Hochdruck vorangetrieben werden.

Alleine im Jahr 2003 wurden 68 Dächer von Einfamilienhäusern erneuert. Auch die Nachrüstung der Häuser mit eigenen Wasseruhren, wie dies von den Mitgliedern gefordert wurde, schritt voran.

Ausblick

Wie geht es weiter in der Gartenstadt? Vor welchen Herausforderungen steht die Genossenschaft heute? Welche Konzepte und Ideen haben Vorstand und Aufsichtsrat für die Zukunft?

Renovierte Häuser in der Regenbogenstraße.

Neue Herausforderungen

Im Jahr 2008 steht die Genossenschaft Gartenstadt vor ganz anderen Aufgaben als zur Gründungszeit.

Die Wohnungswirtschaft steht insgesamt vor großen wirtschaftlichen Herausforderungen. Trotz rückläufiger Bevölkerungsentwicklung wächst die Zahl der Haushalte und die je Einwohner in Anspruch genommene Wohnfläche weiter an. Wohnungsbestände aus den Nachkriegsjahren müssen deshalb den veränderten Wohnwünschen angepasst oder durch Neubau ersetzt werden. Ein Zergliedern und Dokumentieren des vorhandenen Bestandes mit dem Erkennen der potentiellen Schwachstellen ist dafür Voraussetzung.

Denkmalschutz

Sorgen bereiten der Genossenschaft aber auch die unterschiedlichen Ansichten der einzelnen Behörden, die sich teilweise geradezu widersprechen. Einerseits verlangt der Gesetzgeber zwar, den Klimaschutz durch Wärmedämmung, Solaranlagen und anderes zu verbessern, andererseits steht der Denkmalschutz mit seinen für den Normalbürger oftmals nicht verständlichen Forderungen. Eine Wohnimmobilie wird mitunter genauso bewertet wie Burgen oder Kirchen, die Lebensdauern von meh-

Die Gartenstadt aus der Vogelperspektive betrachtet.

reren Jahrhunderten aufweisen. Selbst bei größtem Erhaltungswillen wird die Genossenschaft dies wohl nicht erreichen können.

Klimaschutz

Wo es möglich und sinnvoll ist, wird die Genossenschaft zeitgemäße Technologien wie Solarzellen oder Geothermie einsetzen und damit einen aktiven Beitrag zum Klimaschutz leisten. So wird mit der Sanierung der

140 Wohnungen in der Julius-Loßmann-Straße 58-104 und An der Schwarzlach 3-6 in den nächsten Jahren zum zweiten Mal nach der Seniorenwohnanlage in der Armin-Knab-Straße 4 eine Solaranlage für die Beheizung und Warmwasserbereitung zum Einsatz kommen.

Auch in den kommenden Jahren wird ein Großteil der Ausgaben für Modernisierung und Instandhaltung in diesen Bereich fließen. Dabei wird Wert darauf gelegt, den Einsatz fossiler Brennstoffe wie Erdgas bzw. Erdöl zugunsten von erneuerbaren Energieträgern zu reduzieren.

Versorgungslage

Eine schwer einzuschätzende Problematik stellt die Versorgungslage der Bevölkerung dar. Die Gartenstadt ist zwar mit Arztpraxen gut versorgt, einen Pächter für Lebensmittelgeschäfte zu finden, gestaltet sich jedoch

Oben: Regenbogenstr. 30-32. Unten: Buchenschlag 69/71.

es schwierig, einen Mieter zu gewinnen. Sollte der Umsatz hinter den Erwartungen zurückbleiben, wird auch Plus diese Filiale wohl wieder schließen. Selbstverständlich unternimmt die Genossenschaft alles in ihrer Macht stehende, die Nahversorgung für ihre Mitglieder zu erhalten und zu verbessern. Letztlich liegt es jedoch an jedem Einzelnen, diese Angebote zu nutzen und somit zu erhalten.

Zunehmender Verkehr

Der zunehmende Autoverkehr belastet die Gartenstädter ebenfalls sehr stark. Zum Glück wird derzeit der Schwerlastverkehr durch das enge Tunnel an der Julius-Loßmann-Straße (im Volksmund „Mausloch" genannt) noch abgehalten. Im Interesse aller betroffenen Anwohner setzt sich die Verwaltung der Genossenschaft seit Jahren dafür ein, diesen Zustand möglichst lange zu erhalten.

Seniorengerechtes Wohnen

Eine weitere Herausforderung für Politik, Gesellschaft und Wohnungsunternehmen wird das Wohnen im Alter. Es müssen sowohl für rüstige ältere Menschen wie auch für Menschen, die im Alltag

zunehmend schwieriger. Bereits vor Jahren schloss Coop den Laden am Finken-brunn. Und nach Kündigung des Rewe-Marktes an der Julius-Loßmann-Straße war

Hilfe benötigen, geeignete Lösungen gefunden werden. Die Gremien der Genossenschaft hatten bereits Ende der sechziger Jahre diese Idee mit dem Bau der Anwesen Armin-Knab-Str. 4 und Pachelbelstr. 118 verwirklicht. Das Manko dieser Anlagen ist jedoch, dass sie nur für rüstige Pensionäre geeignet sind.

Ziel des Vorstandes und des Aufsichtsrates der Genossenschaft ist daher die Errichtung eines Seniorenzentrums mit allem, was dazu gehört. Dieser Wunsch kann aus verschiedenen Gründen nicht sofort umgesetzt werden. Jedoch ist die Genossenschaft im Gespräch mit erfahrenen Betreibern von Alten- und Pflegeheimen.

Lösungsmöglichkeiten

Kurzfristiger sollen die Anwesen Pachelbelstraße 118, 118a und 118b seniorengerecht umgestaltet werden. Im Hinblick auf die immer älter werdende Bevölkerung setzt die Genossenschaft alles daran, den Wünschen der Mitglieder zu entsprechen, auch den Lebensabend in der gewohnten Umgebung verbringen zu können. Herausforderungen wird es auch in Zukunft viele geben. Vielleicht

Oben: Minervastr. 118-136. Unten: Finkenbrunn 26-30.

auch solche, von denen man heute noch nichts ahnt. Die Genossenschaft wird sich ihnen stellen und intensiv an Lösungsmöglichkeiten arbeiten.

167

Der Sonnenplatz aus luftiger Perspektive.

An der Schwarzlach, im Hintergrund der Eingang des Südfriedhofs.

168

Anhang

Die Bautätigkeit
im Überblick

Straßennamen und ihre
Bedeutung bzw. Herkunft

Literaturverzeichnis

Bildnachweis

Die Bautätigkeit im Überblick

Häuser	Baujahr	erstellt
Buchenschlag 2-48, Hirschensuhl 2-20, 1-7, 13-33, Finkenbrunn 1-29, 6-30	1911	76 EFH, Verwaltung, 4 Gew.
Buchenschlag 3-49	1912	24 EFH
Buchenschlag 51-61, 50-72, Hirschensuhl 9-11, 22-36	1913	28 EFH
Katzwangerstr. 190-200, Buchenschlag 63-85, 74, Falkenhorst 19/21, Heckenweg 2-12, Hirschensuhl 35-57, 38-52, Im Winkel 1-13 fortlaufend, Raupenschlag 1-12 fortlaufend	1914	72 EFH, 1 Gew.
Falkenhorst 2-26, 1-17, Buchenschlag 76-110, 87-105, Muldenweg 17-27, Waldhof 1-8 fortlaufend, Minervastr. 140-158	1920/21	76 EFH, 1 Gew.
Buchenschlag 107-133, 112-126, Minervastr. 118-136, Muldenweg 1-15, 4-12	1920/21	45 EFH
Buchenschlag 128-142, Minervastr. 40-116, Muldenweg 2, Sonnenplatz 1-24 fortlaufend	1921	73 EFH
Buchenschlag 135-149, Finkenbrunn 2, 4, Minervastr. 168-174	1922	11 EFH, 13 Whg. in 3 MFH, 3 Gew.
Katzwangerstr. 210-232	1923	56 Whg. in 12 MFH, 1 Gew.
Katzwangerstr. 238-240	1923	12 Whg. in 2 MFH
Katzwangerstr. 234, 236, 242, 244	1924	16 Whg. in 4 MFH
Katzwangerstr. 246-256, Schwarzlach 3-6 fortlaufend	1924	56 Whg. in 10 MFH
Minervaplatz 2-40, Minervastr. 14-36, Buchenschlag 151-163, 144-156	1924	46 EFH
Raupenschlag 13-19 fortlaufend, Vogelsangstr. 1-11, Tannenhof 1-25 fortlaufend, Tannhäuserstr. 1-47	1925	62 EFH
Tannhäuserstr. 49-67, 52-66, Regenbogenstr. 3-19, 6-16	1926	33 EFH, 2 Gew.
Regenbogenstr. 21-57, 18-38	1926	30 EFH, 2 Gew.
Regenbogenstr. 40-60, 59-69, Frauenlobstr. 4-20	1926	26 EFH, 1 Gew.
Frauenlobstr. 3, Hirschensuhl 61-83, Stolzingstr. 3-41, Regenbogenstr. 62-132	1927	68 EFH, 3 Whg. in 1 MFH, 2 Gew.
Regenbogenstr. 134-172	1928	20 EFH
Regenbogenstr. 133-149, 161-167, Heckenhof 3-28 fortlaufend, Minervastr. 31 (Werkwohnung)	1928	45 EFH
Heckenweg 14-36	1928	12 EFH
Minervastr. 31	1928	Betriebswerkstätte
Buchenschlag 38a	1929	Zentralwaschhaus

Regenbogenstr. 173-187, 174-196, Heckenweg 19-49	1929	36 EFH
Paumannstr. 32-54, 41-57, Pachelbelstr. 2-24	1929	33 EFH
Minervastraße	1929	Jugendheim
Finkenbrunn 32/34	1930	Gesellschaftshaus
Pachelbelstr. 26-56, Paumannstr. 8-30,Finkenbrunn 31-35	1930	28 EFH, 11 Whg. in 3 MFH
Finkenbrunn 38-48, 47-51, Regenbogenstr. 189-193, 198-202 (Reichsnotprogramm)	1930/31	60 Whg. in 15 MFH
Finkenbrunn 37-45, Paumannstr. 59-73	1931	8 EFH, 18 Whg. in 5 MFH
Finkenbrunn 53-63, Paumannstr. 75-109	1931	18 EFH, 24 Whg. in 6 MFH
Finkenbrunn 65-69	1932	12 Whg. in 3 MFH
Pachelbelstr. 70-80	1933	24 Whg. in 6 MFH
Pachelbelstr. 58-66, 66a, 68, 68a	1935	8 EFH
Pachelbelstr. 5-13	1935	20 Whg. in 5 MFH
Saarbrückenerstr.2, 4	1935	1 EFH, 2 Whg., 3 Gew.
Paumannstr. 111-127	1935	9 EFH
Paumannstr. 62-96, 37-39	1936	19 EFH, 2 Whg., 1 Gew.
Paumannstr. 111 a	1936	Mangelhaus
Pachelbelstr. 82-86	1937	12 Whg, in 3 MFH
Pachelbelstr. 88-92	1937	12 Whg. in 3 MFH
Pachelbelstr. 94-98	1937	12 Whg. in 3 MFH
Minervastr. 31	1937	Garagen Werkstatt
Paumannstr. 98-104, 129-139, Schwarzlach 7-14 fortlaufend	1938	76 Whg. in 18 MFH
Heckenweg 1-3	1940	Kraftwageneinstellhallen
1949 bis 1953 Wiederherstellung der umfangreichen Kriegsschäden – ursprünglich errichtete Einfamilienhäuser wurden teilweise durch Mehrfamilienhäuser ersetzt.		
Minervastr. 80-86	1950	16 Whg. in 4 MFH
Minervastr. 88-92	1950	12 Whg. in 3 MFH
Heckenhof 23, 24, 25	1950	18 Whg. in 3 MFH
Buchenschlag 35	1951	6 Whg. in 1 MFH
Buchenschlag 129	1951	6 Whg. in 1 MFH
Raupenschlag 14-16	1951	8 Whg. in 2 MFH
Hirschensuhl 37, 39, 51	1951	12 Whg. in 3 MFH
Regenbogenstr. 154, 156, 158	1951	16 Whg. in 3 MFH
Pachelbelstr. 62, 68a	1952	8 Whg. in 2 MFH
Fortsetzung normale Bautätigkeit		
An der Schwarzlach 19-21 1985 entkernt und umgebaut	1951	12 Whg. in 2 MFH

An der Schwarzlach 15-17 1981 entkernt und umgebaut	1952	12 Whg. in 2 MFH
Heckenweg 17, Finkenbrunn 34-36	1952	34 Whg. in 3 MFH, 1 Gew.
Pachelbelstr. 19-23	1952	27 Whg. in 3 MFH
Pachelbelstr. 25-29	1952	26 Whg. in 3 MFH
Finkenbrunn 32	1953	Wiederaufbau Gesellschaftshaus
Karl-Rorich-Str. 6	1953	15 Whg. in 1 MFH
Pachelbelstr. 31-35	1954	18 Whg. in 1 MFH
Pachelbelstr. 100-104	1954	25 Whg. in 3 MFH
Finkenbrunn 13	1954	Telefonvermittlung Dt. Post
Pachelbelstr. 37-41	1955	24 Whg. in 3 MFH
Karl-Rorich-Str. 8	1955	18 Whg. in 1 MFH
Karl-Rorich-Str. 10	1955	18 Whg. in 1 MFH
Karl-Rorich-Str. 12	1955	18 Whg. in 1 MFH
Pachelbelstr. 37-41	1955	24 Whg. in 3 MFH
Pachelbelstr. 120-124	1955	18 Whg. in 3 MFH
Pachelbelstr. 126-139	1955	18 Whg. in 3 MFH
Buchenschlag 38a	1956	Zentralwaschhaus
Pachelbelstr. 106-110	1956	18 Whg. in 3 MFH
Pachelbelstr. 112-116	1956	24 Whg. in 3 MFH
Armin-Knab-Str. 6	1956	
Armin-Knab-Str. 8	1957	18 Whg. in 1 MFH
Armin-Knab-Str. 10	1958	15 Whg. in 1 MFH
Armin-Knab-Str. 12	1958	12 Whg. in 1 MFH
Armin-Knab-Str. 5-7	1958	12 Whg. in 1 MFH
Armin-Knab-Str. 9-11	1958	12 Whg. in 2 MFH
Armin-Knab-Str. 13-19	1960	24 Whg. in 4 MFH
Minervastr. 169, Julius-Loßmann-Str. 30-32	1962	41 Whg. in 3 MFH, 8 Gew.
Franz-Reichel-Ring 7-17	1967	48 Whg. in 6 MFH
Armin-Knab-Str. 4	1967	33 Seniorenwhg. in 1 MFH
Julius-Loßmann-Str. 54	1970	Verwaltung
Franz-Reichel-Ring 19	1971	12 Whg. in 1 MFH, 1 Gew.
Franz-Reichel-Ring 21-27	1971	47 Whg. in 4 MFH
Fanz-Reichel-Ring 29	1971	Supermarkt
Fanz-Reichel-Ring 60	1971	Kindergarten
Paumannstr. 2	1971	45 Whg. in 1 MFH, 2 Gew.
Franz-Reichel-Ring 1, 3, 5, 31, 33	1972	63 Whg. in 5 MFH, 3 Gew.

Pachelbelstr. 118, 118a, 118b	1972	96 Seniorenwhg. in 3 MFH
Franz-Reichel-Ring 110-114	1984	38 Whg. in 3 MFH
Franz-Reichel-Ring 100-106e	1991	24 EFH
Minervastr. 80-86	1994	16 Whg., Gebäude entkernt
Regenbogenstr. 154a-156o	1997	46 Whg.
Minervastr. 88-92	1998	umgebaut zu 6 EFH
Regenbogenstr. 198-202	2002	umgebaut zu 6 EFH
Regenbogenstr. 189-193	2002	umgebaut zu 6 EFH
Finkenbrunn 65-69	2004	umgebaut zu 6 EFH
Finkenbrunn 38-42	2005	umgebaut zu 6 EFH
Finkenbrunn 44-48	2005	umgebaut zu 6 EFH
Pachelbelstr. 62,68a	2005	umgebaut zu 4 EFH
Finkenbrunn 53-37	2006	umgebaut zu 6 EFH
Finkenbrunn 59-63	2006	umgebaut zu 6 EFH

Neubau von Garagen

Minervastr. 45	1951	24 Garagen
	2001	erneuert – 32 Garagen
Armin-Knab-Str. 23	1957	10 Garagen
Heckenweg 1-3	1965	14 Garagen
Paumannstr. 141	1965	20 Tiefgaragenstellplätze
Franz-Reichel-Ring 4	1968	32 Tiefgaragenstellplätze
Karl-Giermann-Str. 1	1971	32 Tiefgaragenstellplätze
Franz-Reichel-Ring 27a	1971	89 Tiefgaragenstellplätze
Paumannstr. 2	1971	30 Tiefgaragenstellplätze
Paumannstr. 13	1971	79 Garagen
Franz-Reichel-Ring 118	1972	62 Garagen
Minervastr. 29	1995	168 Garagen
Franz-Reichel-Ring 118a	2004	14 Garagen
Finkenbrunn 69	2004	8 Garagen
Finkenbrunn 38	2005	12 Garagen
Finkenbrunn 63	2006	5 Garagen
An der Schwarzlach 19-21	2007	5 Garagen

Anfang der 60er- bis Mitte der 70er-Jahre hat die Genossenschaft vorwiegend in Langwasser 362 Eigentumswohnungen und 123 Einfamilienhäuser gebaut und verkauft.

1991 wurde die ARGEWO Wohnungsgesellschaft, an der die Gartenstadt Nürnberg e.G. zu 25 Prozent beteiligt war, liquidiert. Von diesem Hausbesitz erhielt die Genossenschaft 156 Wohnungen in Nürnberg, Feucht, Fürth, Herzogenaurach und Erlangen. Daneben wurden 17 Wohnungen in Nürnberg und Fürth käuflich erworben.

Straßennamen und ihre Bedeutung bzw. Herkunft

in der Gartenstadt:

An der Schwarzlach	Nach einem alten Flurnamen.
Armin-Knab-Straße	Armin Knab (1881-1951), Komponist, schrieb Lieder, Chorwerke und Kantaten.
Buchenschlag	Nach einem alten Flurnamen: hier standen Buchen.
Falkenhorst	Nach dem Horst (Nest) des Falken.
Finkenbrunn	Alter Flurnamen aus dem Reichswaldgebiet.
Frauenlobstraße	Nach dem Minnesänger Heinrich von Meißen, genannt Frauenlob, gestorben 1318 (Dichter und Lobredner der Frauen).
Heckenhof/ -weg	Benannt nach der von Hecken umgebenen Anlage.
Hirschensuhl	Hier gab es feuchte Bodenstellen, in denen sich das Wild gesuhlt hat.
Im Winkel	Nach seiner Lage so genannt.
Julius-Loßmann-Straße	Julius Loßmann (gestorben 1957), verdienter SPD-Politiker und Bürgermeister in Nürnberg von 1949 bis 1957.
Karl-Rorich-Straße	Karl Rorich (1869-1941), Direktor des Nürnberger Konservatoriums und Komponist.
Minervastraße/-platz	Minerva, römische Göttin der Kunst und des Handwerks, Tochter des Jupiter.
Muldenweg	Eine alte Bezeichnung aus dem Lorenzer Wald.
Pachelbelstraße	Johann Pachelbel (1653-1706), berühmter Nürnberger Komponist, Vorläufer Bachs, Organist in der Sebalduskirche um 1695.
Paumannstraße	Konrad Paumann (1440-1473), Orgelspieler und Komponist in Nürnberg.
Raupenschlag	Nach den Raupen benannt.
Regenbogenstraße	Barthel Regenbogen (Ende 13. Jhd.) war Mainzer Meistersinger. Hans Sachs dichtete viel nach dessen „Ton".
Sonnenplatz	Wegen seiner Kreisform und sonnigen Lage so benannt.
Stolzingstraße	Walter Stolzing, Ritter aus der Wagneroper „Die Meistersinger von Nürnberg".
Tannenhof	Nach dem Nadelbaum benannt.
Tannhäuserstraße	Tannhäuser, Minnesänger im 13. Jhd., stammte aus Tannhausen bei Gunzenhausen und starb als Deutschordensritter um 1255 in Nürnberg.
Vogelsangstraße	Benannt nach dem Nürnberger Heftelmacher Vogelsang, den Hans Sachs als einen der bedeutendsten Meistersinger aufführt.
Waldhof	Nach einer Lichtung im Wald benannt.

in Langwasser:

Buschingstraße	Prof. Dr. rer. pol. Paul Busching (1877-1945), Gründer des Verbandes gemeinnütziger Wohnungsunternehmen in Bayern
Franz-Reichel-Ring	Franz Reichel (1901-1965), Architekt und Nürnberger Kulturpreisträger.
Karl-Giermann-Straße	Karl Giermann (1872-1946), Gründungsmitglied der Gartenstadt e.G.
Schrammstraße	Andreas Schramm (1883-1949) war Vorstand der Gartenstadt Nürnberg e.G.
Victor Huber-Straße	Victor Huber (1800-1869) war der Wegbereiter der deutschen Wohnungsbaugenossenschafen.

Literaturverzeichnis

Helmut Beer, Hermann Glaser, Udo Winkel: In die neue Zeit. Nürnberg 1850-1900. Ausstellung zum 125-jährigen Jubiläum der Sozialdemokratie. Nürnberg 1991

Franziska Bollerey, Gerhard Fehl, Kristiana Hartmann: Im Grünen wohnen – im Blauen planen. Hamburg 1990

Deutsche Akademie für Städtebau und Landesplanung, Landesgruppe Bayern: Städtebau im Wandel. Stadtteil Nürnberg-Langwasser. München 1987.

Deutsche Gartenstadt-Gesellschaft: Aus englischen Gartenstädten. Beobachtungen u. Ergebnisse einer sozialen Studienreise. Berlin 1910

Kurt Karl Doberer: Der Pfennig war das Mark der Währung. Aus: Rudolf Pörtner (Hrsg.): Kindheit im Kaiserreich. Düsseldorf 1987.

Helmut Fuckner: Nürnberg Langwasser. Planungs- und Entwicklungsprobleme eines satellitären Stadtteils von 1932 bis 1970. Sonderdruck aus den Mitteilungen der Fränkischen Geographischen Gesellschaft Band 18 für 1971.

Gartenstadt Nürnberg e.G.: Geschäftsberichte 1908-2006

Gartenstadt Nürnberg e.G.: Niederschriften über gemeinschaftliche Sitzungen von Vorstand und Aufsichtsrat 1908-1910

Gartenstadt Nürnberg e.G.: Hauptversammlungen 1909-1924

Gartenstadt Nürnberg e.G.: Niederschriften über Vorstand-Sitzungen 1908-1917

Gartenstadt Nürnberg e.G.: Mitteilungsblatt der Gartenstadt Nürnberg e.G.m.b.H. 1931-1939

Gartenstadt Nürnberg e.G.: Vierzig Jahre Gartenstadt Nürnberg e.G.m.b.H. 1948

Gartenstadt Nürnberg e.G.: Fünfzig Jahre Gartenstadt Nürnberg e.G.m.b.H. 1958

Gartenstadt Nürnberg e.G. 1908-1983. 75 Jahre Gartenstadt Nürnberg e.G. 1983

Gemeinnützige Wohnungsbaugesellschaft der Stadt Nürnberg m.b.H.: Nürnberg Langwasser. Stadtteil im Grünen. Nürnberg 1974

Fritz Gruber: Die Nürnberger Straßennamen. Nürnberg 1989

Julius Hoffmann (Hrsg.): Moderne Bauformen. Monatshefte für Architektur und Raumkunst. Stuttgart 1923

Franz-Christoph Köpl: Kleinhäuser in Vorstädten: Ein Beitrag zur Haustypologie in Gartenstädten und Gartenstädtischen Werksiedlungen um die Jahrhundertwende. Diplomarbeit im Fachbereich Architektur 1994

Yvonne Reinert: Die Entwicklung einer Gartenstadt am Beispiel der Gartenstadt Nürnberg. Zulassungsarbeit für das Lehramt an Grundschulen in Bayern 1995

Roland Rückerl: Die Nürnberger Gartenstadt. Zulassungsarbeit zur ersten Prüfung für das Lehramt an Volksschulen 1976

Axel Schollmeier: Gartenstädte in Deutschland. Ihre Geschichte, städtebauliche Entwicklung und Architektur zu Beginn des 20. Jahrhunderts. Münster 1990.

Stadt Nürnberg/Kulturladen Gartenstadt/Geschichtswerkstatt: Die Gartenstadt Nürnberg. Geschichte und Geschichten. Teil 1 Von der Gründung bis zur NS-Zeit (1908-1933)

Stadt Nürnberg/Kulturladen Gartenstadt/Geschichtswerkstatt: Die Gartenstadt Nürnberg. Geschichte und Geschichten. Teil 2 von der Ns-Zeit bis zum Ende des Wiederaufbaus (1933-1953)

Helmut Steuerwald: Die Gartenstadt Nürnberg – Beispiel eines genossenschaftlichen Siedlungswesens. Hausarbeit in der Soziologie 1959

Martina Sutter-Kress: Die Nürnberger Gartenstadt. Die Entstehung einer Siedlung im Kontext der deutschen Gartenstadtbewegung, der Bebauungsplan und die Bauten der Architekten Richard Riemerschmid und Heinrich Lotz. Magisterarbeit, Erlangen.

Heinz Zellner: Geschichte der Gartenstadt Nürnberg e.G. Zusammengestellt aus den Sitzungen des Aufsichtsrats, Gemeinsame Sitzungen von Vorstand und Aufsichtsrat, Generalversammlungen

Bildnachweis:

Archiv der Gartenstadt Nürnberg e.G.; Luftbilder: Nürnberg Luftbild, Hajo Dietz.